BERLIN Stadt der Dichter

BERLIN Stadt der Dichter

Mit Texten von Michael Angele
und Fotografien von Clemens Zahn

KNESEBECK

Inhaltsverzeichnis

Machen Sie mit uns einen Zeitsprung von fast 200 Jahren. Damals fing es an mit Berlin als Literaturmetropole. Unter den Linden wartet die Kutsche. Steigen Sie bitte ein. Und los geht's. »*Wie gefällt Ihnen Berlin? Finden Sie nicht, obschon die Stadt neu, schön und regelmäßig gebaut ist, so macht sie einen etwas nüchternen Eindruck. Die Frau von Staël bemerkte sehr scharfsinnig: ›Berlin, cette ville toute moderne, quelque belle qu'elle soit, ne fait pas une impression assez sérieuse […].‹ Herr von Pradt sagte noch etwas weit pikanteres. Aber Sie hören kein Wort wegen des Wagengerassels.*« Also rasch zurück in die Gegenwart. Das eben war eine Stelle aus Heinrich Heines wunderbaren *Briefen aus Berlin* (1822). Der junge Heine lebte für drei Jahre in der Stadt. Er liebte sie. Mit all ihren Macken. Denn Berlin war nie eine leichte Stadt, auch später nicht – bei der Geschichte ist das ja auch kein Wunder! Was, Sie verstehen kein Wort bei dem Verkehr? Nun gut, das ist eben das berühmte Berliner Tempo. Und wir sind hier ja ›mittenmang‹, wie der Berliner sagt. Schauen Sie doch ein wenig hoch in die Kronen der Lindenbäume, es gibt sie überall in der Stadt, aber hier sind sie doch besonders prächtig.

Eines sollten Sie noch wissen: Wie kaum anders möglich, fehlen Namen in diesem Buch, die es verdient hätten, mit aufgenommen zu werden. Wir schreien Ihnen ein paar ins Ohr. Da wären zum Beispiel Anna Louisa Karsch, die »deutsche Sappho«, oder Adelbert von Chamisso, der Romantiker und Verfasser des *Peter Schlemihl,* die Naturalisten Arno Holz und Johannes Schlaf, Gerhard Hauptmann und der Friedrichshagener Dichterkreis oder einer wie der Querkopf Salomo Friedländer, ebenso Günter Bruno Fuchs, Christoph Meckel, Hans Joachim Schädlich oder Heinz Knobloch, der jüngst verstorbene Flaneur aus Ostberlin, oder Jeffrey Eugenides, der Pulitzerpreisträger, der zurzeit hier lebt … Wollten wir auch nur alle bedeutenden Schriftsteller der Gegenwart nennen, die in Berlin wirken, dann würde unser Buch kein Ende nehmen.

Einige Namen von Zeitgenossen wollen wir Ihnen aber doch nicht verschweigen. Unser Dank geht an: Pauline Schimmelpenninck, Martin Holz, Friederike Schirge, Elisabeth Sandmann, Karlheinz Barck, Christine Blättler, Gudrun Blankenburg, Erich Bürck, Justus Fetscher, Reinhard Gaedicke, Raoul Grass, K. P. Herbach, Florian Illies, Lothar Müller, Mark Münzing, Elke Pfeil, Richard Pietraß, Michael Rutschky, Helga Steinhilber, Erhard Schütz, Hella Tiedemann, Ursula Ziebarth, Dieter E. Zimmer.

Michael Angele und Clemens Zahn   Berlin, im Sommer 2003

Reiterstandbild Friedrichs des Großen,
Unter den Linden

Seite 2:

Schreibmaschine in Brechts Arbeitszimmer
in der Chausseestraße

Seite 4:

Hauseingang in der Friedenauer
Niedstraße

Brandenburger Tor
Folgende Doppelseite:
Häuserzeile am Holsteiner Ufer

Heilandskirche am Ufer der Havel bei Sacrow

Folgende Doppelseite:

Innenhof eines Hauses in der Charlottenburger Mommsenstraße

Deutscher Dom, Schillerdenkmal und Konzerthaus am Gendarmenmarkt

Vorherige Doppelseite:

Havel mit der Insel Lindwerder

Folgende Doppelseite:

Blick vom Dach des Kollhoff-Hochhauses am Potsdamer Platz
aufs Stadtzentrum

Der märkische Großstädter:
Theodor Fontane

Theodor Fontane (1819–1898) zog 1948 aus seiner Geburtsstadt Neuruppin nach Berlin, wo er mit Unterbrechungen bis zu seinem Tod lebte. Von seinen zahlreichen Werken seien hier nur die Romane *Frau Jenny Treibel* (1892), *Effi Briest* (1895), *Irrungen, Wirrungen* (1888) sowie *Der Stechlin* (1899) genannt. Seine berühmten *Wanderungen durch die Mark Brandenburg* (1862–1882) füllen mehrere Bände.

In seinem Roman *Ein weites Feld* (1995) lässt Günter Grass einen Archivar namens Theo Wuttke immer wieder durch den Tiergarten spazieren, Berlins größten innerstädtischen Park. Gerne geht Wuttke, den alle Welt »Fonty« nennt, zum Denkmal Friedrich Wilhelms III. Er mag es auch, sich auf eine von Holunder umsäumte Parkbank zu setzen und auf die Rousseau-Insel zu schauen, und mit Freuden läuft er durch die Fasanerieallee. Selten überquert er dagegen die Hofjägerallee, welche vom Großen Stern abgeht. Denn »ganz in deren Nähe hätte er am Rand des Tiergartens sich selbst als marmornes Denkmal sehen müssen, wie er von hohem Rundpodest barhäuptig, mit beschädigtem Stock und in preußischer Haltung über alles hinwegschaut. So, als einem versteinerten Beamten, wollte er sich nicht begegnen.«

»Fonty« wollte Fontane so nicht begegnen. Er ist nämlich dessen Wiedergänger. Fast hundert Jahre nach Theodor Fontanes Tod am 20. September 1898 bezeugt die Grass'sche Romanfigur die anhaltende Popularität des Berliner, oder sollte man besser sagen, des preußischen Schriftstellers? Fontanes Haltung zum Preußentum ist freilich »ein weites Feld«, um nochmals Grass anzuführen, der mit seinem Romantitel seinerseits auf Fontane anspielt. In dessen Roman *Effi Briest* ist dies die Lieblingsredewendung des alten Briest. Ob das traurige Ende seiner Tochter vermeidbar gewesen wäre? Sogar die Beantwortung dieser Frage hält der Alte für ein »zu weites Feld«. *Effi Briest*, 1895 veröffentlicht, ist bis heute Theodor Fontanes populärster Roman geblieben. Mit der Darstellung der blutjungen Effi, die den ehrbaren Baron Instetten heiratet, mit ihm nicht glücklich wird, eine Affäre hat, die entdeckt wird und zur Verstoßung aus jener Gesellschaft führt, in der sie gerne weiter aufgestiegen wäre; mit *Effi Briest* also schuf Fontane seinen wirkungsmächtigsten »Berliner Frauenroman«.

Zum Romancier wird Fontane erst in den letzten zwanzig Jahren seines langen Lebens. 1818 kommt er in Neuruppin als Nachfahre von Hugenotten zur Welt. Die Kindheit verbringt er in Swinemünde; unter dem Namen »Kessin« hat er der pommerschen Küstenstadt in *Effi Briest* kein sehr freundliches Denkmal gesetzt. Seit 1834 lebt er mit Unterbrechungen in Berlin: Sein Geld verdient er erst als Apotheker, dann als Journalist, schließlich als freier Schriftsteller. 1845 verlobt er sich mit Emilie Rouanet-Kummer, die er fünf Jahre später heiraten wird. 1848 kommt es im ganzen deutschen Reich zu revolutionären Wirren. Fontane arbeitet damals in der Apotheke des Krankenhauses Bethanien am heutigen Mariannenplatz 2 in Kreuzberg. Den Aufstand des »Volkes« begleitet er mit Sympathie. Später, in seinen populären *Wanderungen durch die Mark Brandenburg* (ab 1862)

Siegesgöttin Viktoria auf der Siegessäule (Teilansicht von unten)

Vorherige Doppelseite:

Die Siegessäule am Großen Stern

Johann Wolfgang Goethe (1749–1832) war in seinem ganzen Leben bloß ein einziges Mal in Berlin. Und auch das nur für wenige Tage. Das Hotel, in dem er im Mai 1778 abstieg, hieß »Hotel de Russie« und lag Unter den Linden 23. Es war berühmt für seine Küche. Am dritten Tag seines Aufenthalts dinierte Goethe dennoch auswärts, bei Prinz Heinrich von Preußen. Anschließend spazierte er durch den Tiergarten zurück ins Hotel. Dort verfasste er einen Brief an Charlotte von Stein, der mehrere Gleichnisse enthielt. So verglich er seine Seele mit einer Stadt, die von niedrigen Mauern umsäumt ist und »hinter sich eine Citadelle auf dem Berge hat«. Das schon damals im flachen Land gelegene Berlin konnte damit nicht gemeint sein.

wird er allerdings sagen, dass die Abschaffung des Adels auch den »letzten Rest Poesie« beseitigt hätte. Im *Stechlin* wiederum, seinem meisterhaften Spätwerk (1899), erörtern zwei ältere Herren nach einer Dampferfahrt zum Treptower Park, die Fabrikschornsteine von Spindlersfeld vor Augen, ob und wie »sich der vierte Stand etabliert und stabilisiert«. Dies wird eine zentrale politische Frage des alten Fontane. Gleich welches seiner Felder man durchpflügt, stets kommt Widersprüchliches zum Vorschein.

Das gilt auch für sein journalistisches Wirken. Zehn Jahre arbeitet Fontane bei der erzkonservativen *Neuen Preußischen (Kreuz)Zeitung* und ist dort für englische Themen zuständig. Seinen ersten längeren Londonaufenthalt hat er 1854 in einem Buch festgehalten, wenig später samt Familie sogar eine Weile in der britischen Metropole gelebt. In den drei Bismarck'schen Kriegen wirkt er zudem als Kriegsberichterstatter, kommt in französische Gefangenschaft und schreibt *Kriegsgefangen, Erlebtes 1870*. Im selben Jahr kündigt er seine Stellung bei der *Kreuzzeitung*, und er, der kein nennenswertes dramatisches Werk hinterlässt, debütiert als Theaterkritiker bei der liberalen *Vossischen Zeitung*. Unzählige Abende verbringt er in den folgenden Jahren im Schauspielhaus am Gendarmenmarkt, das 1821 von einem anderen Neuruppiner Sohn, von Karl Friedrich Schinkel, errichtet worden ist. Fontane sitzt auf dem legendären Kritikerplatz mit der Nummer 23. Der Sitz war in eine Ecke zwischen Proszeniums- und Parkettlogen so eingezwängt, dass »Knierempeleien« alltäglich waren, wie er spitz schrieb. Nachdem er den mächtigen Hofschauspieler Theodor Döring kritisiert hatte, sann dieser auf Rache und ließ Fontanes berühmtes Kürzel »Th.F.« durch einen befreundeten Kritiker als »Theater-Fremdling« deuten. Fontane amüsierte sich sehr und konnte darin nichts Unehrenhaftes erkennen.

Doch wie sah sich dieser streitbare Geist selbst? Ein kleines Selbstbildnis hat Fontane im Roman *Frau Jenny Treibel* (1892) in der Figur des Professors Willibald Schmidt versteckt:

»[E]r war ein liebenswürdiger Egoist, wie die meisten seines Zeichens, und kümmerte sich nicht sonderlich um die Stimmung seiner Umgebung, solange nichts passierte, was dazu angetan war, *ihm* die Laune direkt zu stören.«

Sein Wesensmerkmal sei die »Selbstironie«, heißt es an anderer Stelle. Und der Humor! Fontane pflegte zu allem ausgeprägt ›Berlinerischen‹ eine Hassliebe. Das zeigt er in seiner Schilderung von Professor Schmidts Jugendschwarm Jenny Bürstenbinder. Jenny, Tochter eines Gemischtwarenhändlers, heiratet den Fabrikanten und Politiker Treibel und wird zur Kommerzienrätin Treibel mit Anwesen in der Köpenicker Straße. Sie liebt sowohl das Geld als auch die Poesie und wird dabei immer beleibter, ist schließlich »schon stark an der Grenze des Embonpoint« angelangt. In der Figur der Jenny Treibel hat Fontane seine Aversionen gegen die »Berliner Bourgeoise« eher mild und sublimiert gezeichnet, wobei »Bourgeoisie« für ihn übrigens mehr moralische Kategorie denn Standesbegriff war. Derb spricht er von deren »Geldsackgesinnung«, die auch unvermögende Leute haben können. Jenny Treibel repräsentiert mit ihrer Protzerei und Pseudobildung einen Berliner Charakterzug, der keineswegs nur in den vornehmen Villen am Tiergarten verbreitet war. Typische Berlinerinnen – das sind die meisten seiner mit Liebe und Verständnis gezeichneten jungen Romanheldinnen. Hellwach und geistreich ist zum Beispiel die Tochter von Professor Schmidt, Corinna, die gleichwohl auch berechnend ist – will sie doch den blassen Sohn der Treibel wegen ihres »Hangs nach Wohlergehen« ehelichen, was diese allerdings zu verhindern weiß.

»Nein, das tu ich nicht. Und *wenn* ich es tue, so doch so, dass jeder es merken kann. Ich habe mir, nach reiflicher Überlegung, ein bestimmtes Ziel gesteckt, und wenn ich nicht mit dürren Worten sage: ›dies *ist* mein Ziel‹, so unterbleibt das nur, weil es einem Mädchen nicht kleidet, mit solchen Plänen aus sich herauszutreten.«

Rechts: Mit festem Blick hält der Schriftsteller den Unbilden der Zeit stand:
das Fontane-Denkmal im Tiergarten.

Ganz rechts: In diese Porzellanbüchsen
griff Fontane, als er im Krankenhaus
Bethanien als Apotheker arbeitete.

Folgende Doppelseite:

Links: Der Gendarmenmarkt ist nun einmal der schönste Platz der Welt.

Rechts: Davon kann man sich auch im
Märkischen Museum/Stadtmuseum Berlin
überzeugen, wo ein Diorama des Gendarmenmarktes steht. In unserem Bild ist das
Schauspielhaus zu erkennen, in dem Fontane als Theaterkritiker ein- und ausging.

So verteidigt sich Corinna, als ihr Vetter Marcell sie für ihr vermeintliches Kokettieren tadelt – aber dann kommt sie doch von ihren Zielen ab. Zur Freude ihres Vaters heiratet sie schließich ihren Vetter, den Oberlehrer und Leutnant der Reserve Marcell Wedderkopp. Es heißt, dass die Figur der Corinna die Züge von Fontanes einziger Tocher Martha, genannt »Mete«, seines Sorgenkindes, trägt. Das Gespräch zwischen Corinna und Marcell läßt Fontane an der Spree, auf dem Nachhause-weg, mit dem Mond neben dem Parochialkirchturm am Horizont, stattfinden.

Auf einen Spaziergang nach Wilmersdorf, damals noch kein Stadtteil, sondern tatsächlich ein Dorf, schickt er in *Irrungen, Wirrungen* (1888) Lene Nimptsch und ihren Geliebten Botho von Rienäcker. An diesen gemeinsamen Gang erinnern sich beide wehmütig. Auch sie hatten dabei – wie Corinna und Marcell – einen Kirchturm im Blick: den der Willmersdorfer Kirche (der Bau steht nicht mehr). Kurze Zeit danach wird Botho, der Baron, standesgemäß aber leidenschaftslos ver-heiratet sein. Lene, die Plätterin, ehelicht einen frömmelnden aber rechtschaffenen Handwerker. Im Gegensatz zu anderen Romanen Fontanes stirbt hier niemand – weder im Duell noch an Kummer und Gram. Den Schriftsteller Burkhard Spinnen begeistert deshalb die Art, wie dieser Roman »dem halt- und formlosen Bewusstsein moderner Existenz« eine Gestalt gibt. Er zeige, wie »es halt so weiter geht«.

Zur Räson ist Botho durch seinen Onkel, den Baron Osten, gebracht worden, einen charmanten, aber auch etwas knorrigen Menschen, einen »echten Märker« eben, wie es heißt. Und wo stieg der Besucher vom Lande ab, wenn er damals nach Berlin kam? Baron Osten wählte das »Hotel Bran-denburg«. Seine Mahlzeiten nahm er im »Hiller« und im »Borchardt«, das bis heute in der Franzö-sischen Straße 47 liegt. Vielleicht speiste er dabei auch einen »Edel-Aal« aus dem Kleßener See (Ha-velland), dessen Schicksal Fontane einmal in diesem noblen Restaurant besiegelt sah. Andere Ber-linbesucher wie Effi Briest – die vor ihrer Heirat bei den Eltern im märkischen Hohen-Cremmen lebte – saßen »am Eckfenster« im vornehmen »Café Kranzler«, welches sich damals Unter den Lin-den/Ecke Friedrichstraße befand. Gegenüber lag seit 1878 ein weiteres Kaffeehaus, das pompöse

»Der Gendarmenmarkt ist wohl der schönste Platz in Berlin, besonders bei Mondenschein«, fand schon Søren Kierkegaard. Der dänische Philosoph wohnte während seiner beiden langen Berlin-Aufenthalte Mitte des 19. Jahrhunderts direkt am Gendarmenmarkt/Ecke Jägerstraße. Dort entstand sein Werk *Die Wiederholung*. Der Kerngedanke dazu war Kierkegaard auf seiner zweiten Reise nach Berlin gekommen. Viele halten es für sein bestes Buch. Kein Wunder, da er es angesichts der beiden gleich prächtigen Dome des Gendarmenmarktes geschrieben hat.

»Café Bauer«, es wurde in einem Bau errichtet, in dem früher einmal auch Wilhelm und Caroline von Humboldt gewohnt hatten. Berühmt war »das Bauer« für sein immenses Angebot an Zeitungen und Zeitschriften. Etwa 600 Titel sollen es gewesen sein, schreibt Günter de Bruyn in seinem Buch *Unter den Linden*. Effi Briest betrat es zu »statthafter Zeit«. Im Zoologischen Garten wollte sie sodann die Giraffen sehen und in der Nationalgalerie auf der Museumsinsel berühmte Gemälde betrachten. Besonders beeindruckte sie *Die Insel der Seligen*, ein nicht ganz unproblematisches Bild. Es lässt sich leicht als Arnold Böcklins Gemälde *Die Gefilde der Seligen* (1878) identifizieren, ein Skandalbild der damaligen Zeit, auf welchem unbekleidete Nymphen zu sehen sind.

Effis harmloser Museumsbesuch enthält so ein Menetekel ihrer späteren gesellschaftlichen Ächtung. Im ersten von Fontanes »Frauenromanen« wird ein Kunstwerk sogar titelgebend und für die weiteren Werke programmatisch: *L'Adultera* (1882) – die Ehebrecherin. Das gleichnamige Kunstwerk von Tintoretto hing als Kopie in einer Stadtwohnung am Spittelmarkt. Der Hausherr ist ein typischer männlicher Fontane-Charakter:

>»Van der Straaten […] war eine sentimental humoristische Natur, deren Berolinismen und Zynismen nichts weiter waren als etwas wilde Schößlinge seines Unabhängigkeitsgefühls und einer immer ungetrübten Laune.«

Aber sein Temperament reicht nicht, um eine junge Frau dauerhaft an sich zu binden. Als Melanie Tintorettos Bild zum ersten Mal sieht und deutet, blickt sie auch in ihre eigene Zukunft: »Es ist soviel Unschuld in ihrer Schuld«. In ihrem unbedingten Willen nach Selbstbestimmung ist die aus Genf stammende Melanie de Caparoux die emanzipierteste unter Fontanes Frauenfiguren.

Mit einem bedeutenden Maler war Fontane persönlich gut bekannt: Adolph Menzel (1815–1905). Der Berliner war Mitglied im »Tunnel über der Spree«. Diesem literarischen Sonntagsverein mit dem launigen Namen trat Fontane am 29. September 1844 bei und erhielt nach dortiger Sitte einen *nom de guerre:* »Lafontaine«. Über Jahre hinweg las er im »Tunnel über der Spree« Eigenes (vor

Links: Wer in Berlin zurück zur Natur finden will, der muss in den Tiergarten gehen, genauer gesagt zur Rousseau-Insel. Auch Fontane saß gern in ihrer Nähe.

Rechts: Diese Uhr aus dem Familienbesitz gab Fontane den Takt beim Schreiben seiner Werke vor. Heute steht sie im Museum Neuruppin.

Ganz rechts: Nicht nur Fontanes Baron aus der Mark Brandenburg, sondern auch der Zar von Russland und die Königin der Niederlande speisten im 1853 eröffneten »Borchardt«.

allem Balladendichtung) und diskutierte Fremdes. Der Verein konnte sich sogar eine eigene Bibliothek samt Bibliothekar leisten. Zu den bekanntesten Mitgliedern zählten der spätere Nobelpreisträger Paul Heyse und Theodor Strom, der allerdings nur kurz.

Nicht weniger als 16 Mal zog Fontane innerhalb von Berlin um. Leider ist keines der Häuser, in denen er gewohnt hat, erhalten geblieben. Hans-Werner Klünner hat die Adressen aus verschiedenen Quellen rekonstruiert. Viele der Häuser wurden noch im vorletzten Jahrhundert oder kurz nach der Jahrhundertwende abgerissen. Der Zweite Weltkrieg zerstörte das Haus in der Dessauer Straße 31, in dem Fontane nach seiner Rückkehr aus London wohnte, und das Haus in der Königgrätzer Straße 25 (heute Stresemannstraße), das die Familie bis 1872 bewohnte. Eine eklatante Mieterhöhung zwang sie zum Umzug in eine Vierzimmerwohnung in der Potsdamer Straße 134 c, »drei Treppen links«. Die Potsdamer Straße 134 c wurde zu Fontanes letzter und legendärster Adresse. Hier führte er die ebenso erschöpfende wie gleichförmige Existenz eines Romanciers: »Arbeit bis um 3, Mittagbrot, Schlaf, Kaffee, Buch oder Zeitung, Abendspaziergang und Tee. Von 365 Tagen verlaufen 300 nach dieser Vorschrift«, schrieb er im August 1884 in einem Brief. Woran er da gerade gearbeitet hat? An *Unterm Birnbaum*, einer Kriminalgeschichte, die kein rechter Erfolg wurde.

Man darf nicht vergessen, dass Berlin zu Fontanes Zeiten bei weitem nicht seine heutigen Ausmaße hatte. Um 1880 bedeutete ein Nachmittag in Halensee (heute Bezirk Charlottenburg-Wilmersdorf) noch eine Landpartie und klang »fast so poetisch wie ›vier Wochen auf Capri‹«, wie es in *Frau Jenny Treibel* heißt. In den über fünfzig Jahren, in denen Fontane in Berlin lebte, wuchs die Stadt freilich gewaltig: 1843 zählte sie 400 000 Einwohner, bei seinem Tod 1898 knapp zwei Millionen. Fontane machte sich sehr bewusst zum Chronisten dieser Veränderungen. So tragen seine Romane einerseits oft schon einen sentimentalen Zug. Das betrifft manchen leicht unzeitgemäßen Charakter wie die Stine, das stille und tugendhafte Mädchen aus dem gleichnamigen Roman von 1890. Es kann aber auch die Schilderung einer ganzen Gegend sein, wie jener um den »Zoologischen«. Um 1875 lag schräg gegenüber noch das »Gesamtgewese einer Gärtnerei«, zu dem das Haus gehörte, in dem die Lene aus *Irrungen, Wirrungen* wohnte. Andererseits ist »modern« ein häufig

In der Alten Nationalgalerie sah Effi Briest ein Gemälde von Böcklin, das ›nicht unbedenklich‹ schien.

fallendes Wort in seinen Büchern. Erneut in *Stine* verweisen die Soireen der freizügigen Witwe Pittelkow in der Invalidenstraße 98 e diskret auf die Dekadenz der Jahrhundertwende.

Noch klingeln in der Invalidenstraße freilich die »Pferdebahnwagen«. Fontane hatte ihr Verschwinden durch das Aufkommen der elektrischen Straßenbahnen miterlebt, ebenso wie die flächendeckende Versorgung der Haushalte mit Gas. Als Dauer im Wandel erwies sich der Tiergarten, wenigstens in jener Form, die er zwischen 1833 und 1839 bei seiner Umgestaltung durch den berühmten preußischen Landschaftsarchitekten Peter Joseph Lenné erhalten hatte. So sucht der nervös-kränkelnde Graf Waldemar jeden Spätnachmittag ein bestimmtes Sommerlokal in der Nähe vom Schloss Bellevue am Spreeweg auf, bevor er zu seiner Stine geht. »Dort im Schatten alter Bäume niederzusitzen und zu sinnen und zu träumen, war das, was er liebte.« Andere Figuren Fontanes hören gerne einem Konzert zu, das vom Tiergarten herüberklingt. »Den Krollschen Musikgarten und die später gebaute Kroll-Oper gibt es nicht mehr, vieles ist abgeräumt worden, doch dem Tiergarten gelang es immer wieder, sich zu erneuern«, wird Günter Grass über hundert Jahre später schreiben.

Der Fontane-Tag

Falls Sie nicht auf Fontanes Spuren durch die Mark Brandenburg wandern wollen (zum Beispiel auf der »Fontane-Route« zum Großen Stechlinsee), spazieren Sie durch den Tiergarten. Suchen Sie die Rousseau-Insel auf. Setzen Sie sich dort auf eine Bank und denken Sie über Standesunterschiede oder den Nutzen von homöopathischen Medikamenten nach. Falls Ihnen das ein zu weites Feld

Links: »Lizzi hat mir erzählt, hier zwischen Treptow und Stralau sei auch die ›Liebesinsel‹; da stürben immer die Liebespaare, meist mit einem Zettel in der Hand, drauf alles stünde. Trifft das zu?« *(Der Stechlin)*

Rechts: »Kaiserpanorama« nannte der Physiker August Fuhrmann seinen Betrachtungsapparat für Stereo-Fotografien. Dieser hier steht im Märkischen Museum. Wir wollen annehmen, dass Fontane seinerzeit in die »Kaiser-Passage« (Unter den Linden) ging, um in einen solchen Apparat zu gucken und den Krieg von 1870/71 oder Straßenszenen aus London vor seinen Augen vorbeiziehen zu lassen.

ist, schauen Sie einfach den Enten zu. Gehen Sie danach zur Alten Nationalgalerie (via Unter den Linden). Lassen Sie sich von Adolph Menzels Kunst begeistern. Überprüfen Sie, wie Die Insel der Seligen (d. i. Böcklins Die Gefilde der Seligen) auf Sie wirkt. Spazieren Sie entlang der Neuen Wache, wo Fontane während seiner Militärzeit 1844 als Posten stand, bis zur Restauration »Borchardt«. Bestellen Sie dort einen edlen Aal, als Beilage verlangen Sie Teltower Rübchen. Vermutlich wird man Ihnen ein Wiener Schnitzel mit Salat bringen. Zur Rache lesen Sie während des Essens. Vielleicht überzeugt Sie eine spitze Theaterkritik zu dem Stück, das Sie danach eigentlich sehen wollten, derart, dass Sie es bleiben lassen. Es ist nicht ausgeschlossen, dass Sie bei der Lektüre ihrer Berliner Tageszeitung auch auf den vertrauten Namen »Tunnel über der Spree« stoßen. So heißt ein Schriftstellertreffen, das einmal jährlich in Berlin stattfindet. Oder bleiben Sie doch bequem, wo Sie sind: Das Konzerthaus (Schauspielhaus) um die Ecke hat ein reiches Angebot an klassischen Konzerten.

Kein Wunder, dass einer zum Schriftsteller wird, wenn er als Kind auf solchen Wegen geht: Allee bei Neuruppin.

Eine Liebe in den Zeiten
des Expressionismus:
Else Lasker-Schüler und
Gottfried Benn

Gottfried Benn (1886–1956) kam 1905 zum Studium nach Berlin, wo er bis zu seinem Tod lebte – unterbrochen allerdings von längeren Einsätzen als Militärarzt. Von seinen Werken wollen wir hier seinen ersten und den letzten Gedichtband nennen: *Morgue und andere Gedichte* (1912) sowie *Aprèslude* (1955).
Else Lasker-Schüler (1869–1945) zog 1894 nach Berlin, 1933 musste sie emigrieren. *Styx* heißt ihr erster Gedichtband (1902), ihr letzter *Mein blaues Klavier*, er ist 1943 in Jerusalem erschienen.

Gedenktafel für Gottfried Benn am Gebäude Bozener Straße 20

Vorherige Doppelseite:

Kaiser-Wilhelm-Gedächtniskirche

Berlin 1912, Kurfürstendamm 18/19, »Café des Westens«. Von früh bis spät kann man hier eine kleine, hübsche Frau mit großen dunklen Augen sehen. Sie trägt ihr schwarzes Haar auffällig kurz, ist die Urenkelin eines Rabbiners, schreibt Gedichte, die oft einem anderen Gast gelten, und hat ein Kind aus erster Ehe, einen »unglaublich verzogenen Sohn«, wie sich die Schauspielerin Tilla Durieux erinnerte. Noch sitzt ihr zweiter Mann Herwarth Walden häufig an ihrer Seite, ein Galerist und Zeitschriftenmacher mit wiederum auffallend langen, blonden Haaren. »Walden, mit seinem Spürtalent, hatte die große Begabung der jungen Frau erkannt, aber ihr Temperament, wie mir scheint, nicht mit derselben Sicherheit. Ich wohnte heftigen Szenen zwischen den beiden bei«, notierte der Arzt und Dichter Alfred Döblin in seinen Erinnerungen an die Zeit, als er im »Café des Westens« verkehrte und dort Else Lasker-Schüler kennen lernte.

Eine »junge Frau« mochte sie in seinen Augen gewesen sein, tatsächlich war die 1869 in Wuppertal-Elberfeld geborene Dichterin schon über vierzig, als Döblin ihr begegnete. Sein Eindruck mochte ihren »große[n] rabenschwarze[n] bewegliche[n] Augen« geschuldet sein, von denen auch ein anderer Arzt rückblickend, 1952, sprach, und den pechschwarzen, kurz geschnittenen Haaren, die jener ebenfalls nicht vergessen hatte, zumal dies »zu der Zeit noch selten war«: Dieser Arzt stammt aus einem Pfarrhaus in der Westprignitz (Brandenburg), unter seinem kantigen Schädel liegen schwere Augenlider: Gottfried Benn. 1904 zieht er als Achtzehnjähriger nach Berlin, im Februar 1912 promoviert er mit einer Arbeit *Über die Häufigkeit des Diabetes mellitus im Heer*. Kurz darauf erfolgt die Approbation als Arzt. Im selben Jahr verfasst er im Anschluss an einen Sektionskurs einen kleinen Zyklus von Gedichten, der in dem schmalen Band *Morgue und andere Gedichte* (1912) erschienen ist. »Kleine Aster« heißt eines dieser Gedichte. »Ich packte sie ihm in die Brusthöhle/ zwischen die Holzwolle,/ als man zunähte./ Trinke dich satt in deiner Vase!/ Ruhe sanft,/ kleine Aster!«, endet es, ein makaberes und schönes, ein zynisches und poetisches Gedicht. Ein anderes handelt vom Gebären in einem Kreissaal: »Durch dieses kleine fleischerne Stück/ wird alles gehen: Jammer und Glück.«

Morgue wird zu einer Sensation, die manche Leser abstößt und andere begeistert. Zu den begeisterten zählt Else Lasker-Schüler. Sie liebt Benns trockenen, synkopischen Ton darin. Er wage »den Kaiserschnitt am Vers«, schreibt sie lakonisch. Sie selbst hat – Ende 1912 – schon drei Gedichtbände publiziert, zuletzt den Band *Meine Wunder*. »Meine Lippen leuchten schon/ Und sprechen Fernes«, heißt es darin, im Gedicht »Heimweh«. Und eben ist von ihr *Mein Herz* erschienen, ein *Liebesroman mit Bildern und wirklich lebenden Menschen*, der aus Briefen besteht, die sich um das legendäre

In den fünfziger Jahren wurden in einem Trödelladen am Chamissoplatz drei Ansichtskarten aufgestöbert, die Else Lasker-Schüler aus Jerusalem an Gottfried Benn geschrieben haben soll. Zu sehen waren angeblich eine Moschee, die Grabeskirche und die Klagemauer. Der Poststempel datierte auf den Januar 1945. Benn hatten die Karten allerdings nicht erreicht, da er in der vom Krieg gezeichneten Stadt nicht ausfindig gemacht werden konnte. Ein Stempel der deutschen Post beglaubigte es. Die erste Karte soll so angefangen haben: »Wie doch die Zeit Kopf steht! Heute, am allerersten März, da das grad erblühte Jahrhundert steifbeinig mit einer Eins prangt und Du, mein Barbar und Tiger, in fernen Dschungeln gierig nach …« Der Finder zögerte nicht, zahlte einen Liebhaberpreis und Kurtchen Mühlenhaupt, der Trödler, zwinkerte ihm beim Hinausgehen zu – so erzählt es Günter Grass in seinem Buch *Mein Jahrhundert* (1999), das ebenfalls mit einem Augenzwinkern geschrieben wurde.

»Café des Westens« drehen. So sehr ist ihr, der Rastlosen, das Leben dort zur Heimat geworden, dass schon kürzere Abwesenheiten schwer wiegen. »Ich bin nun zwei Abende nicht im Café gewesen,« schreibt sie, denn »ich fühle mich etwas unwohl am Herzen. Dr. Döblin vom Urban kam mit seiner lieblichen Braut, um eine Diagnose zu stellen. Er meint, ich leide an der Schilddrüse, aber in Wirklichkeit hatte ich Sehnsucht nach dem Café.«

Das sollte Dr. Alfred Döblin, der damals im Urbankrankenhaus arbeitete, eigentlich erkannt haben. Im November wird Else Lasker-Schüler von Herwarth Walden, ihrem zweiten Mann, geschieden und gerät in finanzielle Not. Karl Kraus sammelt aus Wien für sie. Auch Franz Kafka spendet, obwohl er ihre Gedichte gar nicht mag. Als er wieder einmal seine Verlobte Felice Bauer in Berlin besucht, trifft man sich sogar mit der extravaganten Dichterin im »Café Josty« am Potsdamer Platz. Das »Josty«, in dem schon Fontane verkehrte, entwickelt sich neben dem »Romanischen Café« zu einem neuen Treffpunkt der Berliner Boheme. Das »Romanische Café« liegt gegenüber der Gedächtniskirche, am Kurfürstendamm 238. Es ist zwar nicht sehr gemütlich, erinnert eher an einen Wartesaal, hat aber ein paar entscheidende Vorteile. So gibt es den großen Brockhaus, das populärste deutsche Lexikon: Eine »willkommene Nachschlagegelegenheit für freie Mitarbeiter der Presse«, wie Paul E. Marcus in seinem Buch *Heimweh nach dem Kurfürstendamm* lapidar bemerkt.

Aber nicht nur Pressemenschen, sondern auch eine Kohorte junger Künstler und Schriftsteller gehen im »Romanischen Café« ein und aus. Mit Herkunft und Tradition haben sie gebrochen, Vater-Sohn-Dramen brechen aus, Dächer brechen ein, ihr Symbol ist der Schrei. Man nennt sie Expressionisten. In der Zwei- bald Dreimillionenstadt Berlin fühlen sie sich heimisch, besonders dann, wenn sie ihre Hüte festhalten müssen, während sie durch die Häuserschluchten schweifen. »Dem Bürger fliegt vom spitzen Kopf der Hut,/ In allen Lüften hallt es wie Geschrei./ Dachdecker stürzen ab und gehn entzwei/ Und an den Küsten – liest man – steigt die Flut./ Der Sturm ist da«, wie es in dem berühmten Gedicht »Weltende« heißt. Es stammt von Jakob van Hoddis, der ein unglückliches, rastloses Leben führt, das sich in eruptiven Versen niederschlägt. Als »Asphaltliteraten« werden sie verunglimpft. *Der Sturm* heißt eine der beiden expressionistischen Zeitschriften, herausgegeben von Lasker-Schülers geschiedenem Mann Herwarth Walden.

Die Aktion nennt sich die andere. Darin erscheint am 25. Juni 1913 ein literarischer Wechselgesang zwischen Else Lasker-Schüler und Gottfried Benn. Neben seinem Gedicht mit dem irreführenden Titel »Drohungen« (tatsächlich handelt es sich um ein Liebesgedicht) steht eine Prosaskizze von ihr, samt einer Zeichnung: *Doktor Benn*. »Lang bevor ich ihn kannte, war ich seine Leserin«. Ihre Liebe wird so zum öffentlichen Ereignis. Es ist eine Liebe in den Zeiten des Expressionismus, eine kurze Liebe also:

An meiner Wimper hängt ein Stern.
Es ist so hell
Wie soll ich schlafen –

Und möchte mit dir spielen.
– Ich habe keine Heimat –
Wir spielen König und Prinz.

So dichtet Else Laske-Schüler während ihrer, ein knappes halbes Jahr währenden Liebe. »Jussuf, Prinz von Theben«, nennt sie sich. Vieles fließt in diese Namenswahl ein: ein verbreiteter Sinn für Exotisches – fasziniert vom Orient waren damals auch das Kino und das Theater –, aber auch ihre Rolle als Jüdin in Deutschland, als deutsche Jüdin oder einfach als eine, die sich immer etwas fremd fühlte im Norden. »Ich kann die Sprache/ Dieses kühlen Landes nicht/ Und seinen Schritt nicht gehen«, heißt es in dem Gedicht »Heimweh«.

Oben: Solche Handschriften kommen bei vielen Frauen gut an: Brief vom alten Gottfried Benn an die junge Ursula Ziebarth (vom 6. August 1954).

Rechts: Sie und er saßen dann oft auf dieser Bank im Hauseingang Bozener Straße 20.

Und es steckt auch ein Frauenbild darin, das nicht der Zeit gemäß war, wie Helma Sanders-Brahms in ihrem Buch über Gottfried Benn und Else Lasker-Schüler betont. Indem die Lasker-Schüler mit Ketten, Pluderhosen und Ringen einen orientalischen Prinzen auch äußerlich gibt, wird sie zu einem androgynen Wesen, das die geläufige Spaltung der Frau in Mutter/Ehefrau und Dirne/Vamp unterläuft und zudem von praktischem Nutzen ist: Vor einem androgynen Wesen braucht sich ein Mann weniger zu fürchten. Umgekehrt bannt sie das Furchteinflößende an ihrem Geliebten in die Namen, die sie ihm gibt. »Giselheer«, nach dem Jüngsten aus der Nibelungensage, und »Barbar« nennt sie ihren 17 Jahre jüngeren Geliebten, den mit den »Tigeraugen«, der sich zum Dank in seiner Liebeslyrik sogar zum poetischen Affen macht:

Ich bin Affen-Adam. Rosen blühn in mein Haar.
Meine Vorderflossen sind schon lang und haarig.
Baumast-lüstern. An den starken Daumen
kann man tagelang herunterhängen. –

Schon bald aber kommt es zum Bruch zwischen beiden, auf Hiddensee hat sich Benn in die acht Jahre ältere, gut situierte Schauspielerin Edith Osterloh verliebt. Sein Gedichtband *Söhne* (1913), den er Else Lasker-Schüler widmet, wird zusammen mit Gedichten von ihr zum wechselseitigen Abgesang ihrer Liebe. Einer ihrer Verse sollte lange nachklingen: »Fühlst du mein Lebtum/ Überall/ Wie ferner Saum?«

Rechts: Das »Café Josty« im Sony Center. Der Name stammt vom alten »Café Josty« am Potsdamer Platz, wo auch Else Lasker-Schüler verkehrte. Aber nur der Name – was hier sonst noch alt ist, stammt aus dem ehemaligen Frühstücksraum des »Hotels Esplanade«.

Ganz rechts: »Ich hörte gestern abend zufällig im Radio eine Sache: ›Bin ich allein?‹ Ausschnitte aus Büchern mit Schallplatten, Weltanschauliches mit Stimmungsreizen«, schreibt Gottfried Benn im Juli 1931 an Paul Hindemith. Unser Bild zeigt den 1926 in Betrieb genommenen Funkturm.

»›Dann machen Sie also alles hier?‹ Wundert sich das Mädchen. Sie müßte es eigentlich wissen. Hat er sie nicht genau hier, in der Belle-Alliance-Straße 12, schon seit einiger Zeit wegen einer Gonorrhöe behandelt? Er vertraute ihr nicht an, daß er sogar zu Lebzeiten seiner Frau oft gerne in seinem Sprechzimmer übernachtet hat. Oder auf dem Sofa im Nebenzimmer. Daß er nicht immer die Lampe ausgemacht hat. Um im Notfall schnell wach zu werden. Er verhüllte seine Augen nur mit einer Karnevalslarve. Er erzählte nicht, daß es vorgekommen ist, daß er eine Patientin, deren Heilung er am späten Nachmittag festgestellt hatte, für die Nacht dabehalten hat …« (Pierre Mertens, *Der Geblendete*)

Am 30. Juli 1914 heiratet Benn seine neue Liebe. Bereits zwei Tage später wird er zum Militär einberufen, und ihre Wege trennen sich schon wieder. 1916 ist Benn als Militärarzt im besetzten Brüssel und schreibt seine »Rönne«-Novellen. Rönne, der Arzt, der sich hinter schweren Augenlidern fragt, was die Wirklichkeit ist, der in sich das »Irrealitätsprinzip« entdeckt, den Rausch, die Kunst. Und da ist zugleich der »Pameelen«, der in zwei Dramen die Hauptfigur spielt, ein »Vermessungsdirigent«, der den Zerfall bekämpft, Erkenntnis im Äußersten sucht. Beide Figuren bleiben freilich Hirnmenschen, »Intellektualisten«, wie Benn sich später selbst tituliert.

Und 1916 erscheint von Else Lasker-Schüler ein Fortsetzungsroman, der auf Briefen an Franz Marc beruht. Marc, der Maler des »Blauen Reiters« ist ihr Geliebter gewesen. 1915 kam er in jenem Krieg um, in den er, wie so viele andere deutsche Künstler und Schriftsteller, begeistert gezogen war. Ein paar bemalte Postkarten, die er an sie geschrieben hat, sind erhalten geblieben. Der Roman hieß *Der Malik* und lieh wenig später auch einem legendären Verlag seinen Namen: dem »Malik-Verlag«. Wieland Herzfelde, ein anderer Stammgast des »Romanischen Cafés« hat ihn gegründet.

Nach dem Ersten Weltkrieg führt Gottried Benn eine Praxis für Haut- und Geschlechtskrankheiten in der Belle-Alliance-Straße 12 (heute Mehringdamm 38/Ecke Yorckstraße). Er schreibt weiter melancholische Gedichte. Pierre Mertens bemerkt dazu in seinem Gottfried-Benn-Roman *Der Geblendete* (1989): »Die Gedichte führen zu den Frauen, und die Frauen zu weiteren Gedichten, scheint es.« Und die Gedichte zu weiteren Frauen …

Else Lasker-Schüler wird dagegen zu einer Stadtnomadin, zieht von da nach dort, lebt in verschiedenen Pensionen, wiederholt sammelt man für sie. Während ihrer letzten neun Jahre in Berlin wohnt sie in einer Dachkammer im »Hotel Koschel«, heute »Sachsenhof«, in der Motzstraße 7. 1919 wird ihr Stück *Die Wupper* an Max Reinhardts Deutschem Theater uraufgeführt, jedoch kaum wahrge-

1945 wurde das »Romanische Café« während eines Bombenangriffs der Alliierten zerstört. Die alten Stammgäste waren längst im Exil oder von den Nazis umgebracht worden. *Im Wartesaal der Poesie* – das feine Buch von Hermann-J. Fohsel, das die Geschichte dieses Cafés erzählt – endet mit einer Erinnerung des in die USA emigrierten Philosophen und Schriftstellers Ludwig Marcuse: »Ich liebte Eichkamp sehr; schon der Name gefiel mir […] Der dörfliche Anhang einer Großstadt ist die mir gemäßeste Residenz: die kleine Siedlung, zwanzig Minuten vom Romanischen Café entfernt, hätte meine Heimat für die nächsten fünfzig Jahre werden können.« Die kleine Siedlung gibt es noch, sie liegt am östlichen Rand des Berliner Forsts, zu Fuß sind es knapp zwanzig Minuten zum Teufelsberg. Das ist der höchste Berg der Stadt, 115 Meter hoch, man kann dort sogar Skilaufen. Aber er ist kein natürlicher Berg. Er besteht aus den Trümmern von 400 000 zerbombten Häusern.

nommen. Zu einem Erfolg wird es erst in der Inszenierung von Jürgen Fehling, 1927 am Staatlichen Schauspielhaus (dieser Schinkelbau am Gendarmenmarkt steht nicht mehr, an seiner Stelle befindet sich heute das von der DDR im klassizistischen Stil erbaute Konzerthaus). Der Berliner Theaterkritiker Alfred Kerr ist begeistert. 1932 erhält sie den renommierten Kleist-Preis. Benn lässt telegrafieren: »der kleistpreis so oft geschaendet […] wurde wieder geadelt durch die verleihung an sie«.

Ein Jahr später verfällt Benn, mittlerweile Präsident der Sektion Dichtkunst der Preußischen Akademie der Künste, für eine Weile der Naziideologie, faselt von »Züchtungen« und Ähnlichem. Ein schrecklicher Irrtum, den er rasch bemerkt. 1936 zieht er sich aus Berlin zurück und geht als Sanitätsoffizier in die »innere Emigration« nach Hannover. Da ist Else Lasker-Schüler längst nach Zürich geflüchtet. Bald darauf emigriert sie nach Palästina, wo sie am 22. Januar 1945 stirbt. Begraben wird sie am Ölberg. Es heißt, dass ihre Knochen später bei der Verbreiterung der Straße, die an ihrem Grab vorbeiführt, in »alle Winde verstreut wurden«. Sieben Jahre nach ihrem Tod hält Benn – er lebt mittlerweile wieder in Berlin, Bozener Straße 20 – im British Council eine Art Nachruf auf die »größte Lyrikerin, die Deutschland je hatte«. Darin zitiert er ihren Vers von damals: »Fühlst du mein Lebtum/ Überall/ Wie ferner Saum? Dieses Lebtum als fernen Saum habe ich immer gefühlt, alle Jahre, bei aller Verschiedenheit der Lebenswege und Lebensirrungen.«

Gottfried Benn stirbt am 7. Juli 1956. Begraben ist er auf dem Waldfriedhof in Dahlem, Hüttenweg 47. Dabei hatte er doch verfügt gehabt, dass man seine Asche zur Hälfte vom Septemberwind verstreuen lassen und zur Hälfte in einer leeren Büchse Nescafé aufbewahren solle.

Links: Die Totenmaske von Benn

Rechts: Blick vom Funkturm auf den Teufelsberg im Grunewald

Folgende Doppelseite:

Hiddensee, Dornbusch, nordöstlich von Kloster, wo die Trennung von Else Lasker-Schüler und Benn ihren Anfang genommen haben soll.

Der Benn/Lasker-Schüler-Tag

Sind Sie frisch verliebt und haben viel Zeit? Dann sollten Sie auf die Insel Hiddensee fahren. Drehen Sie dort gemeinsam kräftig am Rad der Geschichte. So dass diese in eine andere, bessere Richtung läuft. Verliebte können das. Hiddensee liegt in der Ostsee, bei Rügen. Die Insel ist knapp zwanzig Kilometer lang und schaut von oben aus wie ein Seepferdchen. Nach der Wende wurde sie wieder zu jenem beliebten ›Geheimtipp‹ der Berliner Boheme, der sie schon vor der Hitlerdiktatur gewesen war. Ihre Verbindung: 5:07 Uhr Berlin-Ostbahnhof ab, 11:20 Uhr Hiddensee-Vitte an. In Vitte ruhte sich Käthe Kollwitz des Öfteren aus, die große Grafikerin und Bildhauerin, die dem Expressionismus zugerechnet wird. 1913, im gleichen Jahr wie Gottfried Benn, weilte mit Theodor Däubler ein weiterer expressionistischer Lyriker auf der Insel. Auch Paul Zech und der spätere DDR-Staatsdichter und Kulturminister Johannes R. Becher waren Expressionisten, denen es auf Hiddensee gefiel. Warum wohl? Weil dort meistens ein frischer Wind weht, der im Frühjahr nicht selten zu einem richtigen Sturm wird.

Der Doktor in der Münzstraße:
Alfred Döblin

Alfred Döblin (1878–1957) kam 1888 nach Berlin, wo er bis zu seiner Emigration 1933 lebte. Neben seinem Roman *Berlin Alexanderplatz* (1929) nennen wir hier den Roman *Wallenstein* (1920) und die frühen Erzählungen *Die Ermordung einer Butterblume* (1913). Unser Bild zeigt ihn zusammen mit seiner Frau Erna, die er 1912 ehelichte.

Franz Biberkopf und *Berlin Alexanderplatz*, der weltberühmte Roman und sein legendärer Held: Das sind die Namen, die man mit Alfred Döblin primär verbindet. Es gibt allerdings noch einen Berliner namens Franz im Werk von Döblin. Franz Wadzek heißt er, wie Biberkopf ist er ein Verlierer, allerdings einer, der von oben kommt, ein Unternehmer, der mit dem technischen Fortschritt nicht Schritt halten kann und nicht mit dem Konkurrenzkampf in der Wirtschaft. Er verfällt einem Verfolgungswahn, befreit sich halbwegs wieder davon, will die Menschheit mit Vorträgen verbessern und sucht sein Glück am Ende in Amerika.

Wadzeks Kampf mit der Dampfturbine, im Elsass geschrieben, wo Döblin den Ersten Weltkrieg als Militärarzt überlebt, und 1918 veröffentlicht, ist etwas in Vergessenheit geraten. Zu Recht, finden einige Germanisten, die sich in ihrem Urteil auf Martin Buber berufen können, der damals an Döblin schrieb, er finde den Roman in »einer ungeheuren Weise verfehlt«. Der bekannte jüdische Religionsphilosoph ließ sich auch von den komisch gemeinten, vom *Don Quichotte* inspirierten Szenen des Romans nicht beschwichtigen. Im Gegenteil. Andere bedeutende Zeitgenossen mochten hingegen den Roman. Bertolt Brecht zum Beispiel. Ihm gefiel, dass Wadzek nicht zum »tragischen Helden« wird – obwohl er vom Leben überfordert ist. Auch darin gleicht er Franz Biberkopf. Und wie in *Berlin Alexanderplatz* spielt die Stadt eine so herausragende Rolle, dass man auch *Wadzeks Kampf mit der Dampfturbine* einen »Berlinroman« genannt hat. Das bedeutet mehr, als die bloße Ansiedlung der Handlung in Berlin. Es bedeutet, dass die Stadt selbst zum Sprechen gebracht wird.

Viele Szenen spielen in der Gegend um das Hallesche Tor in Kreuzberg. Wadzek besitzt dort eine Stadtwohnung, die er mit Frau und Tochter teilt:

»Die fahrende Hochbahn sah er mit präziser Schärfe, als hätte er ein Glas vor den Augen. Die Geräusche der Menschen, das Rattern der Wagen, Tuten und Gluckern der Autos unterschied er mit fabelhafter Genauigkeit. [...] Er ging an die Haltestelle der Autos, zu Jandorfs scheibenprangendem Warenhaus hinüber und dann rechts zum Postamt.«

Im U-Bahnhof Alexanderplatz

Vorherige Doppelseite:

Blick von der Oberbaumbrücke über die Spree

Die Hochbahn fährt noch immer, auch das Postamt steht noch an derselben Stelle, wurde aber neu aufgebaut. Es gibt am Halleschen Tor kaum noch Bauten aus der Vorkriegszeit. Manches wurde erst nach dem Zweiten Weltkrieg gesprengt. Heute wohnen hier die so genannten kleinen Leute, der Ausländeranteil ist hoch, viele Menschen erhalten Sozialhilfe. Das war früher anders. Gut besoldete

Rechts: Diese Ansicht schreit geradezu nach einem neuen Roman zum Alexanderplatz.

Ganz rechts: Die Döblin-Büste von Siegfried Wehrmeister nahe dem Kino »Kosmos« in der Karl-Marx-Allee. In seinem Spätwerk – der Romantrilogie *Amazonas* etwa – zeigte Döblin großes Interesse am Exotischen. Diesem Umstand hat hier jemand gut sichtbar Rechnung getragen.

1980 wurden die Westberliner Schriftsteller genauer erforscht. 237 Autoren nahmen an einer Umfrage der FU teil. Auf die Frage, welcher Kollege ihr Bild von Berlin besonders geprägt habe, wurde – kaum überraschend – am häufigsten Alfred Döblin genannt. Erstaunen mag dagegen, dass der damals noch verpönte Gottfried Benn mit sieben Nennungen vor Hans Fallada rangierte. Der »optische Gesamteindruck von Berlin« wurde von den meisten als abwechslungsreich bezeichnet (161 Mal). »Häßlich« fanden ihre Stadt 112 und »schön« 81 Autoren. Nur 40 Nennungen fielen auf die Wahlmöglichkeit »monoton«. Befragt nach inspirierenden Situationen gaben 33 Schriftsteller die »zufälligen Konstellationen« an. Das »Kneipenmilieu« und eine Fahrt mit der U-Bahn war für zwanzig Autoren anregend; »Natur/Grünes« hingegen nur für zehn.

Beamte und kleine Unternehmer wie Wadzek lebten hier. Döblin kannte die Gegend gut: 1911 eröffnet er in der Blücherstraße 18 eine neurologische kassenärztliche Praxis. Nach dem Ersten Weltkrieg zieht er in den Osten, in die Frankfurter Allee 340 (heute 104) hinter den Alexanderplatz. In der Nähe gibt es kurioserweise eine Wadzeckstraße, benannt nach dem evangelischen Theologen Franz Daniel Friedrich Wadzeck (1762–1823).

Nicht weit von ihr verläuft die Münzstraße. Dort fand eines Mittags irgendwann in den zwanziger Jahren folgender kleiner Dialog statt:

»Guten Tag, Herr Doktor. – Guten Tag. – Wie geht's Ihnen? Im Café am hellen Tag? – Ist so meine Stunde (wenn ich bloß wüßte, wer der Kerl ist). – Was macht die Praxis? – Danke, danke, ein Jahr wie das andere. Man kommt so durch. – Und die Kinder? Wissen Sie, Sie müßten weg von hier, für Sie ist das doch eigentlich nichts. Sie müßten nach dem Westen, unter die Menschen. – Hm, und wie? – Soll ich Ihnen sagen, Herr Doktor, hab Sie ja schon öfter hier gesehen, hatte zu tun, ja, ich wüßte schon was für Sie, aber Sie wollen nicht. – Na nu, warum denn nicht? – Nee nee, machen Sie keine Fisematenten. Sie wollen nicht. Kann mir schon denken, wenn ich Sie ansehe. Ist nicht wegen der Praxis oder so.«

Warum er nicht weg will, der Doktor? Der andere erklärt es ihm: »Aus Sadismus. Gegen sich selbst!« Der Doktor, der sich mit einem anderen Gast unterhält und nun in Gelächter ausbricht, ist natürlich Alfred Döblin. Er hat diese kleine Begebenheit in einer autobiografischen Skizze festgehalten. Aber wer ist der andere? Ein wenig erinnert er an Franz Biberkopf, ist halt irgend so eine Type, wie die Berliner sagen. Und Döblin nimmt für sich in Anspruch, genau zu wissen, ›wie die Berliner

»Am Alexanderplatz reißen sie den Damm auf für die Untergrundbahn. Man geht auf Brettern«, heißt es bei Döblin. Die Mühe scheint sich gelohnt zu haben, wie man auf den Bildern links und rechts erkennen kann.

sagen‹. Obwohl er selbst gar kein echter Berliner ist, sondern 1878 als Sohn eines jüdischen Schneidermeisters in Stettin geboren wurde und dort die ersten zehn Jahre verbrachte. Aber wie kaum ein zweiter Schriftsteller entwickelt er sich rasch zum »Berlinologen«, wie der Autor Michael Rutschky später seinesgleichen nennen wird. Besonders hat es Döblin das latent subversive Wesen des Berliners angetan, der »gefährliche Witz«, den er vor allem bei den Arbeitern wahrnahm.

Sein Bild vom vorlauten, aber herzlichen und politisch korrekten Proleten bekommt erste Risse durch die antisemitischen Ausschreitungen im alten Scheunenviertel, die Döblin im Jahr der Hyperinflation, 1923, aus nächster Nähe verfolgt. Bisher hat ihn sein Judentum wenig interessiert, aber nun gesellt sich zu seinen sozialpolitischen Interessen – die er etwa mit Ernst Bloch diskutiert – die Sorge um den Antisemitismus. In *Berlin Alexanderplatz* kommt die Problematik an einer Stelle lapidar zum Ausdruck. Franz Biberkopf, der vergebens versucht, »anständig« zu bleiben, verkauft Zeitungen in der Friedrichstraße, am Alexanderplatz und am Potsdamer Platz, Ausgang Untergrundbahn. Genauer: Er verkauft rechtsradikale Blätter. Dazu der Kommentar des Erzählers: »Er hat nichts gegen die Juden, aber er ist für Ordnung.«

Döblin selbst macht schmerzliche Erfahrungen mit dem Rechtsradikalismus. Am 13. März 1919 versuchen Militärs unter der Führung von Wilhelm Kapp gegen die junge Weimarer Republik zu putschen. In den Wirren unmittelbar davor kommt Döblins Schwester Meta Goldberg ums Leben. Unter dem Pseudonym »Linke Poot« schreibt er über diese blutigen »Märztage« in Berlin. Er ereifert sich darüber, dass die sozialdemokratische Regierung versucht, die kommunistischen Spartakisten mit Polizistenmorden zu belasten. »Das Unrecht ist unerträglich«, klagt er. Viel später, zwischen 1939 und 1950 wird er eine Roman-Tetralogie über die Verwerfungen nach dem Ersten Weltkrieg schreiben: *November 1918. Eine Deutsche Revolution*. Die Handlung endet im Januar 1919 mit der

1928 erschien in der Reihe »Das Gesicht der Städte« ein Bildband über Berlin. Fotografiert hatte Mario von Bucovich. Alfred Döblin schrieb ein Geleitwort, es trug den Titel »Berlin, die unsichtbare Stadt«. Vordergründig ging es um jenes Berlin, das sich nicht fotografieren ließ. Aber eigentlich beschäftigte Döblin einmal mehr die Frage, wie er dieser »Massenansiedlung« in seiner Prosa gerecht werden konnte. Nachdem er die 300 000 gewerblichen Niederlassungen, die 200 000 Beschäftigten in der elektrotechnischen Branche, den hohen Anteil an Volksschülern und die 3000 Ärzte der Stadt erwähnt hatte, konstatierte er: »Um die volle Wahrheit der wachsenden, unsichtbaren Siedlung Berlin zu zeichnen, müßte ich Seite um Seite des statistischen Jahrbuchs der Stadt abschreiben«. Er hat es dann – zum Glück – bleiben lassen.

Ermordung von Rosa Luxemburg und Karl Liebknecht, deren Leichen in den Landwehrkanal geworfen wurden.

Am Anfang von *Berlin Alexanderplatz* lässt Döblin einen rotbärtigen Juden auftreten. Er gibt Biberkopf, der gerade aus dem Zuchthaus entlassen worden ist, eine Verhaltenslehre mit auf den Weg: »Aber die Hauptsache am Menschen sind seine Augen und seine Füße. Man muß die Welt sehen können und zu ihr hingehn.« In der modernen Großstadt werden dem Menschen seine Sinne zum Problem. Mit einem Modewort der damaligen Zeit gesprochen, handelt Döblins Roman von der »Reizüberflutung«. Biberkopf ist überfordert von den Eindrücken, die auf ihn einstürmen. Er kommt ganz buchstäblich »unter die Räder«. Von dem Bandenführer Reinhold, der ihm nicht über den Weg traut, wird er vor ein Auto gestoßen und verliert einen Arm. Nach weiteren Schicksalsschlägen nimmt Biberkopf schließlich eine Stelle als Hilfsportier an. Gegen Ende des Romans hat er seine Lektion gelernt: »Da rollen die Worte auf einen an, man muß sich vorsehen, daß man nicht überfahren wird, paßt Du nicht auf auf den Autobus, fährt er dich zu Appelmus.«

Das sprichwörtliche Berliner Tempo hat sich so in *Berlin Alexanderplatz* niedergeschlagen. Die Stadt an der Spree wurde erst sehr spät zur modernen Weltstadt, viel später als etwa Paris, dafür umso rasanter. Sinnbildlich wird Döblins Thema von der »Stadt und einem Menschen im Umbau« (Erhard Schütz) in seiner Schilderung des Ortes, der dem Roman den Titel gab:

»Am Alexanderplatz reißen sie den Damm auf für die Untergrundbahn. Man geht auf Brettern. Die Elektrischen fahren über den Platz die Alexanderstraße herauf durch die Münzstraße zum Rosenthaler Tor. Rechts und links sind Straßen. In den Straßen steht Haus bei Haus. Die sind vom Keller bis zum Boden mit Menschen voll. Unten sind die Läden. Destillen, Restaurationen, Obstund Gemüsehandel, Kolonialwaren und Feinkost, Fuhrgeschäft, Dekorationsmalerei, Anfertigung von Damenkonfektion, Mehl und Mühlenfabrikate, Autogarage, Feuersozietät: Vorzug der Kleinmotorspritze ist einfache Konstruktion, leichte Bedienung, geringes Gewicht, geringer Umfang.«

Links: »Guten Tag, Herr Doktor. –
Guten Tag. – Wie geht's Ihnen? Im Café
am hellen Tag?«. Münzstraße/Ecke Neue
Schönhauser Straße.

Rechts: Am Alexanderplatz werden Bücher
nun auch auf Häuser gedruckt.

Man kann an dieser Stelle gut die berühmte Montagetechnik des Romans erkennen. Den letzten
Satz hat Döblin aus einer Reklameschrift geschnitten und direkt in sein Manuskript geklebt. Aus
solchen Versatzstücken spricht gewissermaßen die Stadt selbst, die »Hure Babylon«, wie sie in An-
spielung an die Bibel öfter genannt wird. Das Stimmengewirr des neuen Babylons lässt sich kaum
noch in einen traditionell geschriebenen Roman bringen. Die Frage, wie man dieser neuen Wirklichkeit mit neuen Darstellungs- und Erzählformen begegnen kann, beschäftigt viele. Als Döblin im
Dezember 1928 im Audimax der Berliner Universität Unter den Linden über den »Bau des epischen
Werkes« spricht, hören ihm sage und schreibe tausend Studenten zu.

Als der Roman ein knappes Jahr später zunächst als Vorabdruck in der renommierten *Frankfurter Zeitung* erscheint, ist Döblin jedoch längst nicht nur als Erzähltheoretiker bekannt. Im intellektuellen Leben Berlins ist er eine Größe, spätestens seit er 1926 in die Sektion für Dichtkunst der
Preußischen Akademie der Künste gewählt wurde. Auch als Schriftsteller, der gegenüber dem neu-
en Medium Radio aufgeschlossen ist, hat er sich einen Namen gemacht. »Literatur und Rundfunk«
lautet etwa der Titel eines Essays. Im Dezember 1929 nimmt er in der »Berliner Funkstunde« an der
Sendung »Improvisierte Erzählungen« teil. Es ist die erste Sendung im Berliner Rundfunk, in der
frei, ohne Manuskript, gesprochen wird. Natürlich hat Döblin neben dem *Wadzek* und dem
Alexanderplatz noch weitere Werke verfasst. Auch Theaterstücke, wie zum Beispiel *Die Ehe*. Rückblickend sollte Döblin schreiben: »Wenn man meinen Namen kannte, so fügte man ›Berlin Alexanderplatz‹ hinzu. Aber mein Weg war noch lange nicht beendet.«

Wahrlich nicht! Aber er mutete zunehmend wie eine Abschiedstour aus Berlin an. Im Februar
1935 verlassen Alfred und Erna Döblin Berlin und emigrieren erst nach Zürich, dann nach Paris.
Was hatte er noch in Deutschland verloren, »wo man meine Bücher verbot und ›verbrannte‹, mich
aus der Akademie wies, wo kein Verleger meine neuen Arbeiten drucken konnte […], – wo man mir
die ärztliche Kassenpraxis nahm, – meinen Söhnen die Berufe sperrte, – und mir (merkwürdiger
Scherz) zum Schluß noch ins Ausland eine große Steuerforderung nachschickte?«

Rechts: Stillleben im »Absinth Depot Berlin« in der Weinmeisterstraße

Ganz rechts: Mit dem schriftstellerischen Erfolg gab es einen neuen Wohnsitz mit Pförtner. Unser Bild zeigt die Eingangshalle des Hauses am Kaiserdamm 28, in dem Döblin von 1930 bis 1933 wohnte.

Nach dem Krieg besuchen die Döblins noch ein paarmal Berlin. 1947 kommt der Schriftsteller auch in die Gegend um den Alexanderplatz und geht durch die Münzstraße, wo so viele Kneipen waren, auch die »zweifelhaften«, wie er schreibt. »Die Lokale entdecke ich nicht mehr. Ich bin wie Diogenes mit der Laterne, ich suche und finde nichts.« Vergangenheit sei Berlin für ihn geworden. Bert Brecht macht einen Versuch, auch ihn zur Übersiedlung nach Ostberlin zu bewegen. Vergebens. Am 26. Juli 1957 stirbt Alfred Döblin nach langer Krankheit im Landeskrankenhaus von Emmendingen. Begraben wird er in den Vogesen. Seine Mutter und die Schwester ruhen auf dem Jüdischen Friedhof in Berlin-Weißensee.

Der Döblin-Tag

Am besten wäre es natürlich, wenn Sie selbst Arzt und Dichter wären. Zur Not tut es auch, dass Ihnen von Berlin leicht schwindlig wird. Dann suchen Sie einen Neurologen auf, wenn möglich in der Frankfurter Allee. Im Warteraum können Sie die anderen Patienten beobachten. Sie werden feststellen, dass die ›Biberköpfe‹ noch nicht ausgestorben sind. Es sind Männer, die ihre Ausführungen mit einem »Stimmt's oder hab ich recht?« ausklingen und noch ein »wa?« folgen lassen. Sie haben feuchte Augen und schwitzen leicht, weil sie übergewichtig sind. Aber es bringt sie so schnell nichts um. Während Sie weiter warten, können Sie sich Gedanken machen, welche Bücher Sie auf eine einsame Insel mitnehmen würden. Döblin selbst hätte den Ulysses von Joyce, Perrudja von Hans Henny Jahnn sowie Tageszeitungen mitgenommen. Später können Sie mit der U-Bahn zur Amerika-Gedenkbibliothek am Halleschen Tor fahren und sich dort das Video von Berlin Alexanderplatz ausleihen. Natürlich in der Verfilmung von 1931, mit dem unvergessenen Heinrich George als Biberkopf. Bei der Gelegenheit sollten Sie auch gleich erkunden, wie es heute an der Blücherstraße 18 aussieht. Wenn Sie den Film dann anschauen, achten Sie darauf, wie über den Tanzflächen der Vergnügungslokale schon so genannte Diskokugeln zu sehen sind. Oder wie Biberkopf, anders als im Roman, vor dem Bauzaun am Alex nicht rechtsradikale Zeitungen, sondern Schlipse und Stehaufmännchen verkauft.

61

Der hustende Untermieter:
Franz Kafka

Der Prager **Franz Kafka** (1883–1924) war zwischen 1913 und 1917 zweimal mit der Prokuristin Felice Bauer (1887–1960) aus Berlin verlobt. Im Winter 1923/24 lebte er mit der jungen Polin Dora Diamant (1902–1953) in Steglitz. Aus dieser Zeit stammen die Erzählungen »Der Bau« und »Eine kleine Frau«. Von der Beziehung mit Felice Bauer zeugen die *Briefe an Felice*.

Es gab im Leben Franz Kafkas zwei Berlin-Episoden. 1912 verliebt er sich in die Berliner Büroangestellte Felice Bauer aus der Immanuelkirchstraße 29. Es ist auch das Jahr, in dem sein erstes Buch erscheint, *Betrachtungen*, ein Band mit kurzer Prosa. In den kommenden beiden Jahren fährt er mehrmals in die Heimatstadt seiner Verlobten und besucht sie in der Wilmersdorfer Straße 73, wohin sie mit den Eltern gezogen ist. Quartier nimmt er im »Askanischen Hof« am Anhalter Bahnhof. Am 12. Juni 1914 löst er in diesem Hotel seine eben erst geschlossene Verlobung wieder auf. Heiß ist es und laut. Auch »schlechte Gerüche« vermerkt sein Tagebuch. Das Hotel nennt er seinen »Gerichtshof«.

Kafka und Felice finden zwar wieder zusammen, es bleibt jedoch eine schwierige Beziehung. Willy Haas wird sich später an einen Kinobesuch mit Kafka und Freunden in Prag erinnern. Der Film enthält Straßenszenen aus Berlin:

> »Als es wieder hell wurde, glaubte ich, im Bruchteil einer Sekunde, Tränen in seinen Augen zu sehen. ›Was ist denn mit Kafka los?‹ erkundigte ich mich flüsternd, ›Wahrscheinlich wieder Schwierigkeiten mit seiner Berliner Verlobten‹, war die Antwort.«

Es bleibt eine Beziehung auf Distanz, Hunderte von Briefen werden geschrieben (erhalten sind nur diejenigen von Kafka an Felice). Eine gewaltige »Chronik des Haderns« entsteht, wie es die Journalistin Verena Mayer nannte. Dabei kann Kafka, der als Angestellter bei der Prager »Arbeiter-Unfall-Versicherungs-Anstalt« arbeitet, darauf zählen, dass die Post in Berlin bis zu neun Mal am Tag ausgetragen wird. 1917 trennen sich Franz Kafka und Felice Bauer endgültig. Sein berühmtestes Werk, *Der Proceß*, hat er da schon geschrieben. Veröffentlicht wird der Roman aber erst nach seinem Tod. Im selben Jahr bricht auch seine Krankheit aus, der »Bluthusten«, die Tuberkulose.

Als Kafka sechs Jahre später, im September 1923, gegen den Widerstand der Eltern nach Berlin fährt, um dort zu wohnen, hat sich sein Zustand abermals verschlechtert. Er ist jedoch überzeugt, dass Berlin ihm gut tun und aus den Prager Verstrickungen lösen werde. Zumal er eben eine neue Beziehung angefangen hat: mit Dora Diamant. Sie stammt aus einer orthodoxen ostjüdischen Familie, im Sommer 1923 haben sie sich im Kurort Müritz an der Ostsee kennen gelernt.

In Berlin finden die beiden eine Unterkunft in der Miquelstraße 8, die zu dieser Zeit in Steglitz liegt (heute Wilmersdorf). Dass Kafka an den Rand der Stadt zieht, ist kein Zufall. Er hält bewusst

Der Halter dieses Wagens ist ein gewisser Gregor Samsa. Er ist flüchtig. Im Hintergrund ist das Literaturhaus, Fasanenstraße 23, zu erkennen.

Vorherige Doppelseite:

In der Fasanenstraße, gegenüber dem Literaturhaus

Oben: Der Bundesgrenzschutz muss die Synagoge in der Oranienburger Straße sichern.

Oben rechts: Der alte jüdische Friedhof an der Großen Hamburger Straße, Gedenkstein für Moses Mendelsohn. Der Originalgrabstein wurde während des Krieges zerstört.

Ganz rechts: In der Artilleriestraße (heute Tucholskystraße) hörte Kafka Vorträge über den Talmud.

Distanz zur Kulturmetropole. »Du mußt auch bedenken«, schreibt er im Oktober an seinen Freund Max Brod, »daß ich hier halb ländlich lebe, weder unter dem grausamen, noch aber unter dem pädagogischen Druck des eigentlichen Berlin. Das ist auch verwöhnend.« Ins Zentrum fährt er nicht oft. Gelegentlich besucht er die »Hochschule für die Wissenschaft des Judentums«, in der heutigen Tucholskystraße 9, wo er Vorträge über den Talmud hört und hebräische Texte liest. Dort im Scheunenviertel arbeitet auch Dora, im Jüdischen Volksheim, das den ostjüdischen Flüchtlingen hilft. In Steglitz genießt Kafka dagegen sein verborgenes Dasein. Dora Diamant wird sich noch viele Jahre nach Kafkas Tod daran erinnern, wie sie sich ausmalten, in Steglitz eine kleine Kneipe zu eröffnen. Kafka selbst möchte kellnern. »Auf diese Weise hätte man alles beobachten können, ohne selbst gesehen zu werden«.

Es kommt nicht dazu. Aber im heimlichen Beobachten ist Kafka auch so sehr gut. Seine Vermieterin in der Miquelstraße wird genauestens observiert. Die Beobachtungen sind in die Erzählung »Eine kleine Frau« eingegangen. Noch nie habe er eine Hand gesehen, bei der »die einzelnen Finger derart scharf voneinander abgegrenzt wären, wie bei der ihren«, berichtet der Erzähler. Er sieht sie »immer im gleichen Kleid«. Und immer hat sie an ihm etwas auszusetzen. Auf wenigen Seiten entfaltet Kafka hier seine Übertreibungskunst, die auf einem traurigen, manchmal aberwitzigen Humor beruht. Nichts könne die kleine Frau besänftigen, heißt es weiter, denn:

>»Ihre Unzufriedenheit mit mir ist ja, wie ich jetzt schon einsehe, eine grundsätzliche; nichts kann sie beseitigen, nicht einmal die Beseitigung meiner selbst; ihre Wutanfälle etwa bei der Nachricht meines Selbstmordes wären grenzenlos.«

Zwischen Kunst und Leben gibt es freilich doch einen Unterschied: Der Vermieterin wegen zieht Kafka aus der Wohnung in der Miquelstraße aus. In der nahen Grunewaldstraße, Hausnummer 13,

»Mein ›Potsdamer Platz‹ ist der Steglitzer Rathausplatz«, schrieb Kafka, der
das Leben in Randlagen bevorzugte, an seinen Freund Max Brod.

Rechts: Auch in Kreuzberg will man wissen, wo Kafka damals in Berlin gewohnt hat.

Häufig werden die Werke Kafkas mit denen Robert Walsers verglichen. Der im schweizerischen Biel geborene Schriftsteller lebte von 1905 bis 1913 in Berlin, wo sich sein Bruder Karl, der Maler, niedergelassen hatte. Weihnachten 1907 gab die Schauspielerin Tilla Durieux in ihrer kleinen Bude ein Weihnachtsfest, zu dem auch die »beiden riesenlangen Brüder Walser« eingeladen waren. Plötzlich forderte Karl den Dramatiker Franz Wedekind zum »Hoselupfe« auf. Es handelt sich dabei um eine Art Ringen, bei dem der Gegner an der Hose gepackt und zu Boden geworfen werden muss. Wedekind fand diese Aufforderung nicht lustig. Man ließ aber nicht locker, wodurch sich die Stimmung so sehr verschlechterte, dass jener mitsamt seiner Gattin Tilly die Wohnung verließ. Um Schlimmeres zu vermeiden, versuchte man daraufhin, die beiden Brüder in eine Kutsche zu setzen. »Waren sie jedoch von der einen Seite hineingestopft, stiegen sie beide zu der anderen Seite wieder aus, alles ohne ein Wort und ruhig lächelnd«, erzählt Durieux in ihren Erinnerungen. Kafka, in dessen Werk es viele solcher Szenen gibt, hätte diese kleine Anekdote bestimmt amüsiert.

finden er und Dora eine neue Bleibe. Die Wohnung liegt im ersten Stock und besteht aus zwei möblierten Zimmern. Noch nie habe er so schön gewohnt, findet er.

Streit mit der Vermieterin hat es in der Miquelstraße auch wegen des Lichtes gegeben, das oft so lange brannte, bis Kafka sein Schreibheft zur Seite legte. So, in einer einzigen Winternacht, sei auch »Der Bau« entstanden, behauptete Dora Diamant später. Ein nicht näher bestimmtes Tierwesen, das im Wald unter der Erde lebt, berichtet in dieser Erzählung von seinem Tagwerk und seinen Sorgen. Wie jeder literarische Text von Kafka kann auch »Der Bau« auf viele Arten gelesen und gedeutet werden, er ist ein Gleichnis ohne Lehre, eine Parabel ohne Auflösung. Gleichwohl ist er von der konkreten Situation des Schriftstellers geprägt. Das »Tier« zum Beispiel, das sich dem Bau bedrohlich zu nähern scheint und zischende Geräusche macht: So hat Kafka seinen Husten genannt. Auch andere Worte bilden Brücken zur Wohnung in Steglitz. So wird Dora belehrt, dass sie mit dem »Burgplatz« gemeint sei, jenem prächtigen Platz im Bau, wo die Vorräte stehen. Wie schrieb doch Felix Weltsch, der Prager Philosoph, über den Freund: »Wie sein Blick ein Lächeln, war seine Rede Humor.«

Sich selbst nennt Kafka einmal ein »völliges Haustier«, in ein paar Zeilen, die er an Fräulein Werner schreibt, der Haushälterin der Familie in Prag. Hanns Zischler hat sie in seinem schönen Buch *Kafka geht ins Kino* erstmals veröffentlicht:

»Samstag bekomme ich Besuch, Fr. Bugsch aus Dresden kommt mit ihrer Freundin, der Vortragskünstlerin, die hier einen Abend veranstalten wird. Wenn ich hinginge, wäre dies der erste Abend, den ich in Berlin außer Haus war, ich bin ein völliges Haustier.«

Auch andere Besucher nähern sich diesem Haustier. Franz Werfel liest ihm aus seinem neuesten Werk vor. Rudolf Kayser von der *Neuen Rundschau* kommt in die Grunewaldstraße, und Willy Haas,

Oben: Erst Felice Bauer, dann Dora Diamant

Rechts: In Steglitz nennen sie Kafka einen Österreicher: Gedenktafel am Haus Grunewaldstraße 13.

der Herausgeber der *Literarischen Welt*, der sich damals gefragt hat, warum Kafka im Kino weinen musste. Nun kann ihm das nicht mehr passieren. Kafka geht nicht mehr ins Kino: »Nicht einmal vom Kino weiß ich was, hier lernt man auch wenig dazu, Berlin war so lange arm, erst jetzt konnten sie sich den *Kid* [mit Charly Chaplin] kaufen. Ganze Monate wird er hier gespielt«, schreibt er weiter an Fräulein Werner.

Was Max Brod als Herausgeber von Kafkas Werken unterließ, hat Dora Diamant leider getan: den Willen des Künstlers erfüllt und einige seiner Arbeiten verbrannt. Wir wissen nicht welche. Und noch ein Werk fehlt uns heute: Kafkas Briefe an ein Mädchen, das seine Puppe verloren hat. Kafka und Dora begegnen dem weinenden Kind auf einem Spaziergang im Volkspark Steglitz. Danach bekommt es drei Wochen lang Tag für Tag Post von seiner Puppe. Kafka schreibt die Briefe, schreibt sie so plastisch, dass das Mädchen den Verlust schon bald verwunden hat und Anteil nimmt, wie seine Puppe wächst, zur Schule geht und neue Freunde findet. Aber wie kann man die Sache zu einem glücklichen Ende bringen? Denn noch gilt das Versprechen, dass die Puppe zum Mädchen zurückkehren wird. Kafka, wird sich Dora erinnern, »suchte lange und entschied sich endlich dafür, die Puppe heiraten zu lassen. Er beschrieb zunächst den jungen Mann, die Verlobungsfeier, die Hochzeitsvorbereitungen, dann in allen Einzelheiten das Haus der Jungverheirateten: ›Du wirst selbst einsehen, daß wir in Zukunft auf ein Wiedersehen verzichten müssen.‹«

Es scheint, als habe Kafka in diesen Briefen aus seiner eigenen Kunst geschöpft (nicht aus dem Leben, denn bekanntlich konnte er sich zeitlebens nicht zu einer Heirat durchringen). Vermutlich enthalten sie ungewöhnlich zärtliche, heitere Geschichten. Allein, sie sind unauffindbar. 1959 veröffentlichte eine kleine Bezirkszeitung einen »Suchaufruf an Frauen der Jahrgänge um 1917, die in Steglitz groß geworden sind«. Aber niemand meldete sich. Das Mädchen nicht und keiner, der über den Verbleib der Briefe etwas wusste. Vierzig Jahre später wurde der Aufruf wiederholt. Vergebens.

Rechts: »Verbraucht alle Kohle; leer der Kübel; sinnlos die Schaufel«. Haus in der Rosenthaler Straße, bis 2003 Sitz des »Eimers«.

Und auch der Kafkaforscher Mark Harman, der als Fellow der American Academy Am Sandwerder 17–19 neun Monate nach den Briefen geforscht hatte, musste fast unverrichteter Dinge wieder abziehen. Aber nur fast. Denn eine Frau des »Jahrgangs um 1917« meldete sich doch noch, Christine Geier, geborene Busse. Und sie kann sich erinnern.

Am 1. Februar 1924 geben Franz Kafka und Dora Diamant die Wohnung in der Grunewaldstraße auf. Die extreme Inflation des Winters 1923/24 macht auch sie zu teuer. Sie ziehen noch weiter an den Stadtrand, finden in einer Villa in der Heidestraße 25–26 (heute Busseallee 7–9) in Zehlendorf eine neue Unterkunft. Ihre Vermieterin ist die Witwe von Karl Busse, dem Arzt und Schriftsteller. Sie hat eine Tochter, ebenjene Christine, die sich mehr als 75 Jahre später noch an den Untermieter erinnern kann. Wohl auf Geheiß ihrer, um die Gunst der Nachbarn besorgten Mutter habe Kafka sich damals »Doktor Keesbohrer« genannt und als Chemiker ausgegeben. Auch seine Hustenanfälle sollte Christine Geier nicht mehr vergessen.

Im Frühjahr 1924 wird die Krankheit so schwer, dass Kafka Berlin verlassen muss. Max Brod bringt ihn dorthin zurück, wo er nie mehr hinwollte; zu den Eltern nach Prag. Wenige Wochen später wird er in ein Sanatorium in der Nähe von Wien überführt. Auf dem Krankenbett korrigiert er noch in den Druckfahnen seines neuen Erzählungsbandes. Am 3. Juni 1924 stirbt Franz Kafka. Noch im selben Sommer erscheint im Berliner Verlag »Die Schmiede« der Band *Ein Hungerkünstler. Vier Geschichten*.

Der Kafka-Tag

Kafka war bei weitem nicht der einzige berühmte Schriftsteller, der in Berlin die Anonymität suchte. Da wäre zum Beispiel Robert Walser, der scheue Schweizer, mit dem Kafka oft verglichen wird. Kaufen Sie sein Buch Jakob von Gunten, *1909 erschienen und in Berlin geschrieben. Suchen Sie in dem Roman nach Spuren seines Aufenthalts, es gibt sie. Oder sein Landsmann Gottfried Keller, der schrieb im vorletzten Jahrhundert in Berlin an seinem Künstlerroman* Der grüne Heinrich, *während er sich »obscur wie eine Schärmaus« (verborgen wie ein Maulwurf) fühlte. Finden Sie heraus, wo er gewohnt hat. Anschließend gönnen Sie sich eine Mahlzeit im »Kafka« in der Oranienstraße 204 in Kreuzberg. Und sollten Sie ganz viel Zeit haben, suchen Sie nach den Briefen an das Mädchen mit der Puppe. Graben Sie den Sandkasten im Steglitzer Park um. Ziehen Sie durch die Altersheime. Durchwühlen Sie die Dachböden. Sollten Sie auch nur einen der Briefe finden, ist Ihnen eine Ehrenmitgliedschaft in der Kafka-Gesellschaft sicher. Falls Sie dann anderntags im Weg zum Bahnhof unsicher werden, fragen Sie getrost einen in der Nähe stehenden Schutzmann.*

Stadt der Flaneure:
Franz Hessel, Ernst Jünger,
Walter Benjamin

Franz Hessel (1880–1941) lebte, unterbrochen von langen Aufenthalten in München und Frankreich, von 1888 bis 1938 in Berlin. Kurz nachdem er im besetzten Frankreich aus der Lagerhaft freikam, starb er 1941 in Sanary-sur-Mer. Von seinen Werken seien hier der Roman *Heimliches Berlin* (1927) und die Feuilletonsammlung *Spazieren in Berlin* (1929) genannt.

Ernst Jünger (1895–1998) kam 1927 nach Berlin. Sechs Jahre später zog er wieder weg. Die Stadt Berlin spielt namentlich in den beiden Fassungen der Prosasammlung *Das abenteuerliche Herz* (1929 und 1938) sowie in *Der Arbeiter. Herrschaft und Gestalt* (1932) eine Rolle.

Walter Benjamin wurde 1892 in Berlin geboren, wo er mit Unterbrechungen bis zu seiner Emigration 1933 lebte. 1940 nahm er sich auf der Flucht vor den Nazis in den Pyrenäen das Leben. Von der großen Liebe zu seiner Geburtsstadt zeugen neben vielen Feuilletons die Bücher *Einbahnstrasse* (1928) und *Berliner Kindheit um Neunzehnhundert* (1938).

Schaufenster der Hutmacherin Fiona Bennett, Große Hamburger Straße

Vorherige Doppelseite:

Schloßbrücke, im Hintergrund die Straße Unter den Linden

Geboren wurde **Franz Hessel** 1880 in Stettin. Aufgewachsen ist er allerdings am ›Vierwaldstättersee‹ – so hieß ein großer Teich im Berliner Zoo, unweit der elterlichen Wohnung am Kurfürstendamm 239 (heute Budapester Straße). Nach dem Studium in München, wo Hessel in die Schwabinger Szene eintaucht, lebt er viele Jahre in Paris, lernt dort seine spätere Frau Helene Grund kennen. Zurück in Berlin wird er 1920 Lektor im »Rowohlt Verlag«, der sich zu dieser Zeit in der Potsdamer Straße 123 b befindet. Mitte der Zwanziger zieht Hessel abermals nach Paris, wo er den Roman *Heimliches Berlin* (1927) schreibt. Sein Held weiß nicht so recht, was er will, wird des Lebens überdrüssig. Ein Freund rät ihm: »Geh doch um die Dämmerzeit durch die Straßen […]. Geh in die Vorstädte […]. Geh mit Bahnsteigbillett zu den Fernzügen […]. [G]enieße alles, besitze nichts.«

Hessel weiß, wie gut und teuer dieser Rat ist. 1929 erscheint die Prosasammlung *Spazieren in Berlin*, die von seinem Flanieren durch die Stadt berichtet. Diese ist ihm ein wenig jener Zoo aus der Kindheit geblieben, hat etwas Märchen- und Fabelhaftes. Nicht viel anders geht es seinen Mitbürgern; wenn diese sonntags um den ›Vierwaldstättersee‹ spazierten, dann – so findet er – wandelten sie ja auch, als wären sie »in einer Sommerfrische«. Hessel schreibt humorvoll, aber ohne beißenden Spott; nie werden seine Schilderungen bösartig, nie argwöhnisch. Wie anders sind dagegen die Blicke, die ihn, den Müßiggänger, treffen. Sie bleiben so lange misstrauisch, bis man merkt, dass nichts Böses dahinter steckt. »Nein, es steckt nichts dahinter. Ich möchte den ersten Blick auf die Stadt, in der ich lebe, gewinnen oder wiederfinden«, schreibt er.

Das ist gar nicht so leicht für einen, der die Stadt nur allzu gut kennt. Aber Hessel, der oft ein wenig betulich wirkt, ist auch ein Meister der gespielten Naivität. Natürlich kann er diesen ersten Blick nur mit einem Trick zurückgewinnen. Zum Beispiel, indem er an einer Stadtrundfahrt im Bus teilnimmt. Dabei schaut er mit dem einen Auge wie ein Tourist auf die Stadt, mit dem anderen schielt er jedoch zu den Dingen, die den anderen Teilnehmern verborgen bleiben:

»Die Fremden werden auf die Preußische Staatsbank, die alte ›Königliche Seehandlung‹ aufmerksam gemacht, indessen schiele ich hinüber nach der berühmten Weinstube, in der Ludwig Devrient mit E. T. A. Hoffmann gezecht hat. Der wohnte hier an diesem Platze zur Zeit, als noch lauter Immediatbauten den Gendarmenmarkt umgaben. Und *Des Vetters Eckfenster* muß man sich auch hierhin denken und ihn dazu, wie er in seinem Warschauer Schlafrock und die große Pfeife in der Hand den munteren berlinischen Markt übersah.«

Rechts: »Die Erfindung des Tischtelephons ist sehr seelenkundig. Der mittlere Berliner ist nämlich gar nicht so selbstsicher, wie er gern erscheinen möchte«, schrieb Franz Hessel. Ob das für die Besucher des »Ballhauses Berlin«, wo das abgebildete Tischtelefon steht, heute noch gilt?

Man könnte sagen, dass der 1776 geborene E. T. A. Hoffmann ein Vorläufer von Franz Hessel war. Seine Erzählung *Des Vetters Eckfenster* berichtet jedenfalls von einem Schriftsteller, der gleichsam an Ort und Stelle flaniert und von einem Lehnstuhl aus den Wochenmarkt auf dem Gendarmenmarkt beobachtet. Das bunte Treiben ist dem lahm gewordenen Vetter als einzige Freude im Leben geblieben. »Et si male nunc, non olim sic erit!«, geht es dir heute auch elend, so wird es dir morgen besser gehen, steht neben seinem Bett. Der schwerkranke E. T. A. Hoffmann konnte diese Geschichte im Frühjahr 1822 nicht mehr selbst niederschreiben, er diktierte sie in seiner Wohnung Charlottenstraße 56/Ecke Taubenstraße 31 vom Bett aus. Wenige Wochen später starb er.

Für den Leser wird Hessel in diesem Bericht über den Gendarmenmarkt selbst zu einem »Fremdenführer«. Er erzählt von den Dingen, die der Führer auf dem Autobus verschwiegen hat. Seien wir fair: die er in einer hektischen Tour auch gar nicht erwähnen konnte. Hessel dagegen will mit seinen gemächlichen Gängen durch die Stadt das hohe Tempo drosseln, was jedoch immer mühsamer wird. Das zumindest behauptet sein Aufsatz »Von der schwierigen Kunst, spazieren zu gehen«.

Wer im rechten Sinne spazieren geht, für den – so lautet sein wohl berühmtester Ausspruch – wird »die Straße eine Art Lektüre«. Schaufenster verwandeln sich dann in Landschaften, die Laufschrift an einer Hauswand scheint spannender als jede Zeitungslektüre, und ein Firmenname wie »Argus« wird zum mythologischen Zeichen. »Expeditionen in den Alltag« hat Michael Bienert diesen Vorgang genannt; ein anderer Literaturkundiger, Bernd Witte, sprach von einem »sanften Surrealismus«, in dem Wahrnehmung und Erzählstil zu einer Einheit finden.

Hessels Aufsatz erscheint 1932 in der renommierten, von Ernst Rowohlt gegründeten Zeitschrift *Die literarische Welt*, für die er regelmäßig schreibt. Viele seiner Stadtbeobachtungen verarbeitet er zu kleinen Feuilletons für Zeitungen wie *BZ am Mittag* oder die *Deutsche Zeitung Bohemia*. Nicht selten schreibt er dabei über Mode, gerne geht er durch die Damenabteilungen der großen Warenhäuser, es zieht ihn aber auch »in Nebenstraßen des Kurfürstendamms«, wo es eine »Menge kleiner Modegeschäfte« gibt. Begünstigt wird diese Neigung durch seine Frau Helene, die Modejournalistin ist. Gelegentlich publizieren die beiden Seite an Seite, etwa in der Beilage *Für die Frau*.

Aber Hessels Flanieren will nicht restlos in die Zeitungsspalten passen, wie sein herrlich ironischer Text »Vorschule des Journalismus« (1927) zeigt. Dort schlendert einer durch die Straßen von Paris und versucht dabei, sich erst einmal *nicht* von seinem Auftrag, über die Stadt zu berichten, ablenken zu lassen. In seiner reinen Form ist Flanieren eben völlig zweckfrei, eine reine Zeitverschwendung. Für diesen Luxus plädiert, abgemildert, die Prosasammlung *Ermunterung zum Genuß*, die schon am Anfang der Nazidiktatur erscheint. Hessel wurde vorgeworfen, dass er für die aufkommende Diktatur blind gewesen sei. Mit seinem Freund Walter Benjamin – gemeinsam übersetzten sie Marcel Proust ins Deutsche – kann man ihn aber auch zu den großen Abschiednehmern zählen. Wie jeder Melancholiker hält Hessel an den Dingen fest, die im Verschwinden sind.

Ab 1933 wohnt er in einem Hinterhaus an der Lindauer Straße 8 in Schöneberg. Ernst Rowohlt ermöglicht ihm, dem Juden, weiter inoffiziell als Lektor zu arbeiten. 1938 emigriert er in seine zweite Heimat Paris. Helene lebte dort schon seit Ende der zwanziger Jahre mit den beiden Söhnen und ihrem Geliebten, dem Schriftsteller Henri-Pierre Roché, dem »Jim« in Truffauts Film *Jules und Jim* (1961), und dem Freund von »Jules« – von Franz Hessel.

Als der 1895 in Heidelberg geborene **Ernst Jünger** am 1. Juli 1927 nach Berlin zieht, ist er kein Unbekannter mehr. Der Leutnant ist der jüngste Pour-le-Mérite-Träger, den der Erste Weltkrieg hervorgebracht hat. Sein Kriegstagebuch *In Stahlgewittern* (1920) hat ihn schlagartig berühmt und berüchtigt gemacht. Dennoch teilt er das Schicksal einer ›verlorenen‹ Generation, die direkt von der Schulbank an die Westfront geschickt wurde und nach dem für Deutschland verlorenen Krieg keine Perspektive sieht. Viele stranden in der Hauptstadt, wo sie sich irgendwie durchschlagen, und nicht wenige radikalisieren sich politisch rechts, gegen die Demokratie, für eine starke Nation. Diesem »neuen Nationalismus« huldigt auch Ernst Jünger in obskuren Zeitschriften oder bei konspirativen Treffs in der Nollendorfstraße 29, wo er mit seiner damaligen Frau Gretha und dem Sohn Ernst ein Gartenhaus bewohnt.

Allmählich nimmt Jüngers politische Agitation jedoch ab, gleichzeitig stilisiert er sich stärker zum solitären Schriftsteller. Tagelang schweift er durch die Straßen von Berlin. Dabei verwandelt er sich in einen jener »Werwölfe«, die Walter Benjamin in einem Aufsatz den melancholisch-elegischen Spaziergängern Franz Hessels gegenübergestellt hat. Das Berlin von Jünger ist düster, ein Moloch voller bedrohlicher Zeichen und Symbole:

Links: Blick von der Warschauer Brücke. »So lebt der Einzelne inmitten der Millionenstädte der Zeit in einer eisigen Isolation«, schrieb Ernst Jünger, der eine Weile in der Nähe dieser Brücke wohnte.

Oben: Allerdings konnte man in Berlin auch fast wie auf dem Dorfe wohnen. Zwei Haustüren in der Dömitzer Straße in Britz.

Oben rechts: Die Britzer »Hufeisensiedlung«, hier eine Straße namens »Hüsung«, wurde von Bruno Taut und Martin Wagner entworfen und von 1925 bis 1927 erbaut. »Das ist eine der vielen Siedlungen, die den stärksten Vorstoß in das Chaos der Zwischenwelt, die Stadt und Land trennt, bedeuten«, urteilte Franz Hessel.

»Gestern noch, bei einem nächtlichen Spaziergang durch entlegene Straßen des östlichen Viertels, in dem ich wohne, bot sich ein einsames und finster heroisches Bild. Ein vergittertes Kellerfenster öffnete dem Blick einen Maschinenraum, in dem ohne jede menschliche Wartung ein ungeheures Schwungrad um die Achse pfiff.«

Diese und weitere Beobachtungen über »den verwickelten Traumzustand der modernen Zivilisation« enthält *Das abenteuerliche Herz. Aufzeichnungen bei Tag und Nacht*, ein kleiner Band, der 1929 in einem Berliner Verlag erscheint, der eigentlich auf Militaria spezialisiert ist. Jünger wohnt nun in Friedrichshain, in der Stralauer Allee 36. »Die Aussicht aus seinem Zimmer ging in das Gleisgewirr der Stadt- und Reichsbahn, im Haus lärmten Kinder, und es roch nach Kohl«, erinnerte sich Ernst von Salomon an einen Besuch dort. Das Zimmer ist mit Masken, holzgeschnitzten Figuren, Büchern und Käfersammlungen vollgestopft. In dieser Atmosphäre entsteht *Der Arbeiter. Herrschaft und Gestalt* (1932), eines der befremdlichsten Werke, in denen Berlin eine Rolle spielt.

Mit ihren über vier Millionen Einwohnern ist die Stadt primär als Ort der Massenphänomene eingeflossen, als Ort der Verkehrsströme, Energieströme, Menschenströme. Jünger sieht in diesem Aufruhr eine »totale Mobilmachung«, ähnlich wie er den Ersten Weltkrieg mit seinen Materialschlachten gedeutet hat. Dazu entwirft er düstere Bilder, wie man sie aus Fritz Langs Film *Metropolis* (1926) kennt: »Diese Bewegung ist drohend und uniform; sie treibt Bänder von mechanischen Massen aneinander vorbei, deren gleichmäßiges Fluten sich durch lärmende und glühende Signale reguliert.« In solchen Stadtlandschaften gibt es keine Individuen mehr; tagelang könne der Wanderer umherschweifen, ohne dass ein »besonderes menschliches Gesicht in seiner Erinnerung haften« bleibt, notiert er. Er ist aber zuversichtlich, dass dieser Mensch der Menge einem neuen Typus weichen wird, eben dem »Arbeiter«, einem nicht minder maskenhaften und entindividualisierten Wesen, das allerdings in feste Ordnungen eingebunden ist.

Im *Arbeiter* hat das Zeitalter des Kollektivismus einen merkwürdigen rot-braunen Abdruck hinterlassen. Jünger ist von allem begeistert, was ein Ende der Unordnung verspricht, und sei es ein Vortrag über Kolchosen in der »Gesellschaft zum Studium der Planwirtschaft«. Auch auf den legendären Empfängen in der russischen Botschaft Unter den Linden wird er gesehen. Den *Arbeiter* vollendet er Anfang 1932 an der Dortmunder Straße 13 in Moabit. Das Buch wird zur literarischen

Blick über den Osthafen. Irgendwo dort hinten endet das Industrie-
zeitalter. Ernst Jünger war noch mittendrin, als er um 1930 am *Arbeiter*
schrieb.

Sensation. Joseph Goebbels versucht mehrmals, ihn für den Nationalsozialismus zu gewinnen. Vergebens. Im Frühjahr 1933 durchsucht die Geheime Staatspolizei (Gestapo) sogar die neue Wohnung an der Hohenzollernstraße 6 (heute Wulffstraße) in Steglitz. Später wird man lesen, dass Ernst Jünger seinen Briefkasten damals nur mit einem gezielten Pistolenschuss zu öffnen pflegte.

Seine erste Ehefrau Gretha Jünger berichtet davon in ihren Erinnerungen *Silhouetten. Eigenwillige Betrachtungen* (1958 unter ihrem Mädchennamen von Jeinsen erschienen). Das Buch enthält auch Impressionen aus Berlin. Während ihr »Gebieter« – so nennt sie den eigenwilligen Gatten spöttisch – durch die Industrielandschaften im Osten schweift, spaziert sie durch die »Gassen und Winkel« der alten Mitte, die »der gewaltige Verkehrsstrom noch nicht erfaßt hat«. Durch Straßen mit so süßlichen Namen wie »Werdersche Rosenstraße«, die zu dieser Zeit in die Straße mit dem symbolträchtigen Namen »Niederlagstraße« mündet.

Ende 1933 verabschiedet sich Jünger von der totalen Mobilmachung und zieht mit Frau und Sohn in die ruhige Provinz nach Goslar. Dort schreibt er unter anderem eine zweite Fassung des *Abenteuerlichen Herzens*, darunter einige Prosastücke in der Tradition der schwarzen Romantik. In einem mit »Steglitz« überschriebenen Eintrag tritt einer »in ein üppiges Schlemmergeschäft ein, weil [ihm] eine im Schaufenster ausgestellte ganz besondere, violette Art von Endivien aufgefallen war.« Zum Schrecken des Lesers stellt sich bald heraus, dass zu den Endivien Menschenfleisch verkauft wird. – Das Schlemmergeschäft konnte von Michael Rutschky identifiziert werden, es hieß »Nöthling« und lag in der Schloßstraße. Heute befindet sich an seiner Stelle ein Optikergeschäft. Ob es dort zu Jüngers Zeit wirklich violette Endivien gab?

Vor ein paar Jahren sollte im Grunewald eine Straße in »Walter-Benjamin-Straße« umbenannt werden. Man wollte den Theologen Reinhold Seeberg (1859–1935), der mit den Nazis sympathisiert hatte, aus dem Straßenbild löschen und lieber an den großen Schriftsteller, Philosophen, Kritiker

Ganz links: Vor dem Flaneur sind alle Ansichten gleich.

Links: Ernst Jünger hat bis heute viele Feinde, aber auch manchen stillen Bewunderer. Ein Jünger-Porträt von Klaus Heidtke, gesehen im Antiquariat Bürck in der Winterfeldtstraße.

und Flaneur **Walter Benjamin** (1892–1940) erinnern. Benjamin hatte in den zwanziger Jahren zeitweise in Grunewald gelebt. In der Villa seiner Eltern an der Delbrückstraße 23 bewohnte er ein Zimmer, das bis zur Decke mit Büchern gefüllt war. Eine kleine Lücke blieb frei für Paul Klees Zeichnung *Angelus Novus*. Über diesen Engel der Geschichte schrieb Benjamin dann im Exil einen kleinen Text, an dem sich Generationen von Literaturwissenschaftlern die Zähne ausbeißen sollten. Und nun wollte man ihm also endlich in seiner Heimatstadt eine Straße widmen. Aber daraus wurde nichts, die Initiatoren beugten sich den rechtlichen Bedenken. Seit 1999 gibt es nämlich, etwa vier Kilometer entfernt, bei den Leibniz-Kolonnaden, schon einen Walter-Benjamin-Platz. Nach dem Berliner Straßengesetz darf eine Straße aber nur dann denselben Namen wie ein Platz tragen, wenn beide aneinander grenzen – im Prinzip jedenfalls. Man will damit Unklarheiten und Verwirrungen bei den Bewohnern und Besuchern Berlins vermeiden.

Ach, hätten die Gesetzgeber doch ihren Benjamin gelesen. Dann wüssten sie, dass es keine Schande ist, sich zu verirren; im Gegenteil, nur wer sich täuscht und irrt, kann neue Erfahrungen machen. Das ist allerdings gar nicht so einfach. »Sich in einer Stadt nicht zurechtfinden, heißt nicht viel«, schreibt Benjamin in seinem erst postum veröffentlichten Buch *Berliner Kindheit um Neunzehnhundert* und gibt weiter zu bedenken: »In einer Stadt sich aber zu verirren, wie man in einem Walde sich verirrt, braucht Schulung.« Gut täte man also daran, möglichst viele Straßen in Berlin nach ihm zu benennen. Anfangen könnte man bei der Düsseldorfer Straße. In der Nummer 42 wohnte Benjamin 1929 für einige Monate mit seiner Geliebten Asja Lacis (1891–1979). Nicht einmal eine Gedenktafel erinnert an die beiden. Immerhin hieß nach der lettischen Regisseurin sogar eine Straße, die es allerdings nur im Werk von Benjamin gibt: Sein 1928 erschienenes Buch *Einbahnstrasse* nannte er in der Vorbemerkung »Asja-Lacis-Strasse«.

Der Flaneur-Tag

Schlendern Sie ganz einfach herum. Suchen Sie zum Beispiel den ›Vierwaldstätter See‹, es gibt ihn immer noch. Sollten Sie sich dabei gründlich verlaufen, ist das, wie Sie wissen, keine Schande. Sie können natürlich auch erst einmal bei einer Nachfolgerin von Franz Hessel und Walter Benjamin in die Schule gehen: Die Berliner Schriftstellerin Annett Gröschner hat diverse Linien der Berliner Busbetriebe befahren und aufgeschrieben, was sie dabei beobachtet hat (Annett Gröschner: Hier beginnt die Zukunft, hier steigen wir aus. Unterwegs in der Berliner Verkehrsgesellschaft. Berlin 2002). Auch in die eine oder andere Straßenbahn ist sie gestiegen. Noch fehlt ein Bericht über die S-Bahnen; wäre das nichts für Sie? Aber man kann natürlich auch so bequem vorgehen wie der Vetter in der besagten Erzählung von E. T. A. Hoffmann, der von seinem Eckfenster aus das Treiben auf dem Gendarmenmarkt verfolgt hat. Sie brauchen dazu nur ein schönes Zimmer im »Hilton Dom Hotel« zu buchen, direkt am schönsten Platz Berlins.

Folgende Doppelseite:

Links: Mehr noch als für die Menschen interessierte sich Ernst Jünger für Fauna und Flora: Rosen im Botanischen Garten.

Rechts: Wenn ein Flaneur nur lange genug durch die Stadt spaziert, wird es zunächst dunkel, dann wieder hell: Morgenrot am Großen Stern.

Mit Argusaugen
durch »Charlottengrad«:
Vladimir Nabokov

Vladimir Nabokov (1899–1977) verbrachte 15 Jahre seines Lebens in Berlin, von 1922 bis 1937. Kurz darauf publizierte er in einer russischen Exilzeitschrift den Roman *Die Gabe* (1937/38), der großteils in Berlin spielt. Nennen wollen wir auch die Romane *König, Dame, Bube* (1928) und *Gelächter im Dunkel* (1933).

Vladimir Nabokov wollte nicht nach Berlin. 1899 in St. Petersburg geboren, wächst er behütet in Russland auf – inmitten von englischen Möbeln und englischer Literatur. Gesammelt hat sie sein Vater Wladimir Dmitrijewitsch Nabokoff, ein Jurist und liberaler Politiker. Im Zuge der russischen Revolution flieht die Familie aus dem damaligen Petrograd, auf Umwegen landet sie Ende 1920 in Berlin. Auch hier engagiert sich der Vater politisch, und mit *Rul* wird er zum Mitherausgeber der wichtigsten unter den Emigrantenzeitungen, die es in den zwanziger Jahren in Berlin gibt. Sein Sohn wird später viele Gedichte in *Rul* veröffentlichen und auch ein paar Kreuzworträtsel für das Blatt entwerfen. Am 28. März 1922 kommt W. D. Nabokoff bei einem rechtsradikalen Attentat in der Philharmonie an der Bernburger Straße 22–23 ums Leben. Sein Sohn studiert seit 1919 in Cambridge, weilt aber zum Zeitpunkt des Attentats bei der Mutter Jelena Nabokova in der Sächsischen Straße 67. Kurz darauf zieht er nach Berlin, um sie zu unterstützen. Geld verdient er mit Gelegenheitsjobs, unter anderem mit Tennis- und Boxunterricht. Bald taucht er auch im russischen »Klub der Schriftsteller« am Nollendorfplatz auf.

1923 leben schätzungsweise bis zu 360 000 Russen in Berlin, die meisten sind vor der Revolution geflohen. Deutschland wird während der Hyperinflation für Spekulationsgeschäfte mit Devisen attraktiv. So gibt es einige Russen, die im »KaDeWe« Pelzmäntel kaufen können und rauschende Feste feiern. Der Kurfürstendamm wird spaßeshalber »NEPski-Prospekt« genannt. (Achtzig Jahre später, nach dem Fall der Mauer, sollten sich diese Bilder wiederholen.) Reiche Russen sieht man nun vor allem in der Friedrichstraße. Die meisten Emigranten leben freilich schlecht. Sie werden unterstützt von zahlreichen russischen Vereinen und Organisationen. Die Russen bleiben mehrheitlich unter sich. So entwickelt sich ein Mikroklima, in dem die Sehnsucht nach der Heimat zuweilen fieberhafte Züge annimmt. »Luftspiegelungen von St. Petersburg und Moskau« lagen über der Stadt, wie sich Nabokov später in Amerika erinnert. Vor allem in seinem Roman *Die Gabe* (1937/38) hat er solche Luftspiegelungen aus der Perspektive eines jungen russischen Dichters geschildert.

Die Berliner beobachten dieses Treiben misstrauisch, umgekehrt werfen die Russen einen argwöhnischen Blick auf ihre deutschen Hauswirte. In seiner Studie *Kritik der zynischen Vernunft* hat der Kulturphilosoph Peter Sloterdijk gezeigt, wie sehr Deutschland nach dem Ersten Weltkrieg von Misstrauen und Argwohn gezeichnet war. Und manchmal gab es auch tatsächlich allen Grund zur Vorsicht. So war die russische Intellektuellenszene von Mitarbeitern der sowjetischen Geheimpolizei unterwandert, einer ihrer Informanten soll der Schriftsteller Ilja Ehrenburg gewesen sein.

Berliner Asphalt, nass

Vorherige Doppelseite:

Blick vom Funkturm, im Vordergrund die Kantstraße

Oben und ganz rechts: Mit Schmetterlingen im Bauch begleitete Véra ihren Vladimir nach Dahlem ins Deutsche Entomologische Institut, Goßlerstraße 20. Der Beweis ist auf unserem Bild rechts zu sehen. Das Gästebuch und der Schmetterlingskasten befinden sich heute, wie das ganze Institut, in Eberswalde.

Folgende Doppelseite:

Links: Russischer Friedhof in Tegel

Rechts: Früher gaben sich hier die Russen die Klinke in die Hand: Hauseingang Trautenaustraße 9, ehemals »Pension Elisabeth Schmidt«, in der 1925 auch Nabokov ein Zimmer genommen hat.

Sein Stammcafé, die »Prager Diele« am Prager Platz 1a in Schöneberg, war ein Zentrum des russischen Lebens. Dort mag er Maxim Gorki ausgehorcht haben, der von 1921 bis 1924 ebenfalls in Berlin lebte, oder Boris Pasternak. Häufig besuchten auch Wladimir Majakowski und Marina Zwetajewa die Stadt. An die Dichterin erinnert heute eine Tafel in der Trautenaustraße 9.

In diesem so genannten »Russenhaus von Wilmersdorf« bezieht auch Vladimir Nabokov im Winter 1925 ein Zimmer. Zu diesem Zeitpunkt hat das russische Leben in Berlin seinen Zenit schon überschritten, viele Emigranten sind nach Paris weitergezogen. Am 15. April heiratet er seine Verlobte Véra Slonima. Sie wird ihm Gattin, Geliebte, Muse, Kritikerin und Sekretärin. Im September 1925 zieht das Paar in die Motzstraße 31 (heute Nummer 64), wo er an seinem ersten Roman, *Maschenka*, zu arbeiten beginnt. In der Nähe befindet sich ein Geschäft, das mit toten Insekten handelt und vom jungen Schriftsteller gerne besucht wird. Auch wenn von Nabokovs Zeit in Berlin die Rede ist, muss man bereits vom Schmetterlingsforscher Nabokov sprechen.

Es ist kein Zufall, dass seine Autobiografie *Erinnerung, sprich* (Neufassung 1966) kaum konkrete Orte in Berlin nennt. Eine Ausnahme bildet die Schmetterlingshandlung A. Grubert. Entdeckt hat Nabokov sie schon als Elfjähriger bei seinem ersten, dreimonatigen Besuch in Berlin. Sie lag damals in der Kaisergalerie, Friedrichstraße/Ecke Behrenstraße, in Dieter E. Zimmers schönem Buch *Nabokovs Berlin* gibt es eine herrliche Aufnahme des Gebäudes zu sehen. Während sein jüngerer Bruder Sergej dort ins »Panopticum« ging, stieg Vladimir die steilen Treppen zu »Gruber[t]s berühmtem Schmetterlingsladen« hoch, um sich nach einem Zipfelfalter oder einem neu entdeckten Weißling zu erkundigen. Als der erwachsene Nabokov später in Berlin lebt und arbeitet, besucht er einige Male das Entomologische Institut und Museum in der Goßlerstraße 20 in Dahlem. Interessante lebende Schmetterlinge und Falter kann er in Berlin und seiner Umgebung dagegen kaum beobachten.

Rechts: Im ehemaligen Filmpalast »Astor« am Kurfürstendamm ist heute »Tommy Hilfiger« zu Hause. So ändern sich die Zeiten und wir uns mit ihnen. Oder würde ein Popliterat von heute etwa Schmetterlinge sammeln? Dass er wie Nabokov als Komparse sein Geld verdienen würde, erscheint uns da schon wahrscheinlicher. Auf dem Bild ganz rechts ist das Modell einer Drehsituation zu Fritz Langs *M* (1931) zu sehen. Der Film wurde in den ehemaligen Zeppelinhallen Staaken gedreht. Das Modell stammt von Margit Hofmann und befindet sich im Filmmuseum Berlin – Stiftung Deutsche Kinemathek.

Den kühlen Blick des Insektenforschers wirft er auch auf die Stadt selbst; darin einem anderen passionierten Entomologen und Schriftsteller ähnlich: Ernst Jünger. Es wäre falsch zu behaupten, Nabokov hätte diese Stadt besonders geliebt. Wie bei den meisten Emigranten hängt auch sein Herz an Russland. Dennoch schreibt er 1925 eine Skizze mit dem Titel »Berlin, ein Stadtführer«. Darin finden sich Beobachtungen und Reflexionen über die Bauarbeiten vor dem Haus, in dem er wohnt, den Zoo und die Straßenbahnen. Sein Plan ist es, »in den Dingen unserer Umwelt jene duftige Zartheit aufzuspüren, die erst unsere Nachkommen erkennen und zu schätzen wissen werden«.

Das klingt wie aus dem Lehrbuch eines Flaneurs. Gleichwohl entwickelt er sich nicht zu einem solchen, sein Verhältnis zur Stadt und ihrer Geografie bleibt pragmatisch. Er kennt sie gut, weil er viel unterwegs ist – auch wegen seiner zahlreichen Jobs. Und weil er sie so gut kennt, fließt das Wissen in die Literatur ein. So urteilt er rückblickend über seinen zweiten Roman *König, Dame, Bube* (1928), dass dieser ohne weiteres anderswo hätte spielen können. »Aber die Kenntnis von Karte und Wetter Berlins gaben schließlich den Ausschlag.«

Auch über den Charakter der Berliner hält er einige Erkenntnisse fest. *Die Gabe*, sein letzter in Berlin geschriebener Roman, enthält eine lange Liste mit Gründen, weshalb der junge Schriftsteller Fjodor die Deutschen nicht ausstehen kann. Erstellt wurde sie in der Straßenbahn, nachdem ein anderer Fahrgast den Erzähler beim Hinsetzen unsanft berührt hatte. Hier ein paar Gründe:

»[W]egen der Vorliebe für Zäune, Reihen, Mittelmäßigkeit; wegen des Bürokults; deswegen, weil man unweigerlich Zahlen, Geld zu hören bekommt, wenn man seine innere Stimme belauscht […]; wegen der Klosettwitze und des rohen Gelächters; wegen der Dicke des Hinterteils beider Geschlechter, selbst wenn die Person ansonsten nicht dick ist; wegen des Mangels an Feingefühl; wegen der Demonstration von Sauberkeit«.

97

1963 gab es in der DDR Streit um die Veröffentlichung des Gedichtbands *Aus drei
Welten* von Paul Wiens. Der Band sollte nur
dann publiziert werden, wenn daraus das
Gedicht »Bei uns«, das Ilja Ehrenburg ge-
widmet war, wieder entfernt würde. Es
spricht spöttisch von einem sozialistischen
»Sturmvogel«: »Oft schlägt ihm das Herz
im Hals,/ oft in der windigen Hose …/
Doch verläßt er sich blindlings/ – gegebe-
nenfalls – / auf die amtliche Wetterprogno-
se«. In der grundlegenden Debatte über
die Zensur, die sich daraus entwickelte, be-
zeichnete der Dichter, der groteskerweise
selbst für das Ministerium für Staatssicherheit (MfS) tätig war, die Methoden der Zen-
soren als »unwissenschaftlich«. Er traf damit einen wunden Punkt, wie es in einer
zeithistorischen Studie zum Zensurwesen
in der DDR heißt. Der Band *Aus drei Welten*
findet sich in keiner Bibliografie. Von Nabokov konnte übrigens in der DDR auch nur
ein Buch erscheinen: *Lolita*, im Jahr, als die
Mauer fiel.

Ja, so sind wir Deutschen nun einmal, will man als Leser schon sagen, da entpuppt sich das Gegenüber als Russe. Es ist dies ein schönes Beispiel für Nabokovs Ironie. Eine weitere, noch verspieltere
Form der Ironie findet sich in seinem fünften Roman, *Gelächter im Dunkel* (1933). Er spielt in Berlin, Straßennamen werden jedoch nicht genannt. Erst zum Schluss, als der Held mit dem sprechen-
den Namen, Albinus heißt er, erblindet ist und eiligst per Taxi in seine Wohnung zurückfährt, aus
der ihn das Schicksal getrieben hatte, heißt es: »Die erste – das muß die Motzstraße sein«. Es folgen
der Prager Platz und der Viktoria-Luise-Platz. »Gleich würden sie zur Kaiserallee kommen.« Albinus fährt also durch das Zentrum der russischen Emigration an seine Peripherie. Allein, er ist ja
Deutscher. Aber, wer weiß, vielleicht ist seine Blindheit trotzdem auch eine selbstironische Meta-
pher für einen Russen in Berlin: für Vladimir Nabokov selbst?

Albinus ist reich, verheiratet und, wie der Name sagt: blass. In einem schmuddeligen Kino verliebt er sich in die Platzanweiserin, verfällt ihr, verlässt Frau und Kind, wird ausgenutzt und um sein
Glück betrogen. *Gelächter im Dunkel* heißt im russischen Original *Camera Obscura*: Der Titel ver-
rät eine Beziehung zur Fabrikation von Bildern. Berlin ist nicht zuletzt als Stadt des Films und der
vielen Kinos in Nabokovs Werk eingegangen. Der Schriftsteller soll sogar selbst in ein paar Filmen
aus den zwanziger Jahren zu sehen sein, vielleicht in der *Verlöschenden Fackel* (1924) mit Iwan
Mosshuchin in der Hauptrolle – der Nabokovkenner Dieter E. Zimmer bezweifelt es allerdings. Verbürgt ist jedenfalls, dass Nabokov neben seinen vielen anderen Gelegenheitsjobs (außer Tennis und
Boxen lehrte er auch die englische und französische Sprache) gelegentlich als Komparse in den
Filmstudios von Babelsberg ein wenig Geld verdiente.

Vor allem aber nimmt er seine Umgebung filmisch wahr. Nabokov ist der Mann mit der Kamera
im Auge und den Filmen im Kopf. Schon früh hat er dabei auf Farbfilm umgestellt: In *Die Gabe* läuft
Fjodor wieder einmal durch das russische Berlin, begegnet dort wie immer einem »älteren, krank-
haft verbitterten Schriftsteller aus St. Petersburg«, überquert »den Wittenbergplatz, auf dem wie in
einem Farbfilm rund um eine antike, zu einem Untergrundbahnhof führende Treppe Rosen im
Winde zitterten, und lenkte seine Schritte zu der russischen Buchhandlung«.

Diese Buchhandlung befindet sich in der Nähe eines »riesigen Warenhauses« und bleibt ohne
Namen. Es könnte in Wirklichkeit die Buchhandlung »Slowo« gewesen sein, die gegenüber dem
»KaDeWe« lag und dem gleichnamigen Verlag gehörte, der die ersten Bücher Nabokovs veröffent-
licht hat. 1923 gibt es in Berlin annähernd neunzig russische Verlage und Buchhandlungen. Nabo-
kov selbst geht meistens in die Buchhandlung/Leihbücherei »Glücksmann und Nachfolger« in der
Passauer Straße 3.

In Nabokovs Stadtimpressionen tauchen auffallend häufig Kinos auf. Das erstaunt insofern nicht,
als zu dessen Zeit in Berlin über 400 Orte existieren, in denen täglich Filme gezeigt werden. Das
reicht vom winzigen »Flohkino« bis zu den großen Kinopalästen mit ihren bis zu 2000 Plätzen.
Nabokov selbst zieht die kleineren Kinos vor. In seiner Nähe befinden sich die »Bayreuther Lichtspiele« an der Welser Straße, das Kino fasst 235 Plätze. Achtzig Jahre später wird es unter dem
Namen »Arsenal« Westberliner Geschichte schreiben, als Teil des Filmfestivals.

Jenes kleine Lichtspieltheater, in dem Albinus seine Margot entdeckt hat, heißt dagegen »Argus«.
Ein »guter Name für ein Kino«, findet er. Ob es ihn tatsächlich gab? Ins »Reichs-Kino-Adressbuch«
wurde er jedenfalls nicht eingetragen. Wer dagegen in den Branchenseiten des Telefonbuchs von
1931 blättert, stößt in der Tat auf den Namen »Argus«. Ein Detektivbüro in der Nähe des Bahnhofs
Zoo nannte sich so.

Ausspionieren ist, wie gesagt, ein wesentliches Element im Berlin der Zwischenkriegszeit. Von
ängstlicher Vorsicht ist auch Albinus' Beziehung zu Margot geprägt, bis seine freudlose Gemahlin
den Ehebruch entdeckt und ihn pflichtschuldigst verlässt. Margot ist nun umgekehrt einen guten
Schritt darin vorangekommen, den Reichtum ihres Verehrers an sich zu reißen – denn nur der

Oben: Wo sonst als im »Café Ehrenburg« in der Karl-Marx-Allee könnte dieses prächtige Bild hängen?

interessiert sie an dem langweiligen Mann. Ihr Herz hat sie indes einem nicht minder skrupellosen Künstler namens Axel Rex geschenkt.

Nicht nur ein »Leben vom Glanz eines erstklassigen Films« begehrt Margot. Der Traum der »ordinären kleinen Berliner Göre« ist es, selbst eine berühmte Filmschauspielerin nach dem Vorbild der Garbo zu werden; keine Seltenheit im Berlin der zwanziger Jahre. Albinus verschafft ihr eine Rolle in einem Stummfilm. Aber was ihr im Leben vorzüglich gelingt, scheitert hier: anderen etwas vorzuspielen. Sie wird vom Publikum ausgelacht; darauf bezieht sich der Titel *Gelächter im Dunkel*. Nabokov wird 1958 sagen, dass das ganze Buch so geschrieben sei, als wäre es ein Film. Ein literarisches »Filmdrama« sollte es werden, »an die Form eines Drehbuchs« hat er angeblich nicht gedacht. Dennoch adaptierte Tony Richardson den Roman im Jahr 1968.

99

Oben: Die Kuppel über der U-Bahn-Station am Nollendorfplatz, seinerzeit auch von Nabokov registriert

Auch *König, Dame, Bube* wird 1972 verfilmt. Der Stoff ist eine Dreiecksgeschichte; bei der »Dame« handelt es sich um eine Art Berliner »Madame Bovary«, die sich in der Ehe mit ihrem Mann langweilt. Ob sich aber ihr junger Liebhaber vom »Buben« zum »König« mausern kann, soll hier nicht verraten werden. Denn einer der Vorzüge von Nabokovs Romanen ist, dass mit einem Schuss Kolportage auch die Spannung steigt. Genau genommen wird der Roman schon 1968, durch seine Neufassung, zu einem Film. In ihr ist nämlich »König Dame Bube« zugleich Titel eines Films, der zur Eröffnung eines Filmpalasts gezeigt werden soll, der in der Nähe der Wohnung des Protagonisten gebaut wird. In diesem Detail könnte sich abermals die Berliner Lebenswelt von Nabokov spiegeln. Als er den Roman schreibt, wohnt er an der Passauer Straße 12, ganz in der Nähe der »Kinomeile«, die sich vom Kurfürstendamm über die Tauentzienstraße erstreckt. An der Ecke zur Nürnberger Straße wird der »Tauentzien-Palast« mit seinem 1000 Plätze fassenden Kino und einem »Woolworth«-Warenhaus komplett renoviert und 1929 eingeweiht. Vielleicht hatte Nabokov ja diesen Baulärm im Sinn, als er vierzig Jahre später in Amerika den Roman überarbeitet?

Vladimir und Véra Nabokov harren mit ihrem 1934 geborenen Sohn Dmitri auch unter Hitler in Berlin aus. Erst als die Jüdin Véra den Druck der Nazis immer mehr zu spüren bekommt, kehrt Nabokov 1937 von einer Lesereise durch Belgien und Frankreich nicht mehr nach Deutschland zurück. Frau und Sohn reisen ein paar Monate später über die Tschechoslowakei aus. Im Gepäck befindet sich auch das Manuskript der *Gabe*. Noch fehlt das fünfte Kapitel, das am Grunewaldsee spielt. Mit den Kiefern, die an morgendliche Picknicks erinnern, dem Wäldchen junger Birken, die »frisch und kindlich nach Russland rochen«, spricht es von der unstillbaren Sehnsucht nach der Heimat und doch gleichzeitig auch von einem typischen Flecken Berlin.

Der Nabokov-Tag

Ihren Tag beginnen Sie mit einem Frühstück im »Pasternak« am Wasserturm. Bleiben Sie etwas länger sitzen. Erstellen Sie, wie damals Nabokov, eine Liste mit Eigenschaften, die Sie an den Berlinern nicht mögen (große Klappe, keine Manieren etc.), falls das Wetter schlecht ist. Sollte dagegen die Sonne scheinen, dann listen Sie Eigenschaften auf, die Sie an den Berlinern mögen (Witz, große Hilfsbereitschaft in Notfällen). Danach empfiehlt sich ein Abstecher nach Charlottenburg, wo wieder russisches Leben sichtbar ist. Zum Beispiel am Stuttgarter Platz 5, wo man russische Bücher, Magazine und Esswaren kaufen kann. Wer nur nach Büchern hungrig ist, kann auch direkt zur »Russischen Buchhandlung« in der Kantstraße 84 fahren. Am späten Nachmittag lohnt sich ein Besuch in einem der wenigen erhaltenen Kinos im alten Westen, den »Eva-Lichtspielen« an der Blissestraße 18 oder im »Xenon« an der Kolonnenstraße 5, das seit 1909 existiert. Schön wäre es, wenn einer der vielen ›Russenfilme‹ liefe, die in den zwanziger Jahren in Berlin-Babelsberg gedreht wurden. Sie könnten dann nach dem Statisten Nabokov suchen. Da diese Filme aber praktisch nie gezeigt werden, suchen Sie lieber nach einem Film, der wie Camera Obscura *von einem Ehebruch handelt. Eher gering sind dafür die Chancen in der ehemaligen Kinomeile am Kurfürstendamm, dort hat in den letzten Jahren ein altes Lichtspielhaus nach dem anderen seine Tore geschlossen. Versuchen Sie Ihr Glück im »Arsenal«, das Kino befindet sich zwar nicht mehr am ursprünglichen Ort, wo Nabokov es noch unter dem Namen »Bayreuther Lichtspiele« besuchte, sondern am Potsdamer Platz. Dafür lädt der in Berlin lebende Regisseur Alexander Askoldow (Die Kommissarin) dort in unregelmäßigen Abständen zum »Russischen Klub« ein. Der anschließende Besuch der »Russendisko« im »Kaffee Burger« in der Torstraße ist obligatorisch.*

Ein Doppelleben in Schöneberg:
Christopher Isherwood

Der englische Schriftsteller **Christopher Isherwood** (1904–1986) lebte, abzüglich eines kleinen Abstechers nach Rügen, von 1929 bis 1933 in Berlin. Diese Jahre sind in den Roman *Mr Norris changes trains* (1935) und in einen Band mit episodischen Erzählungen, der im Original *Goodbye to Berlin* (1939) und auf Deutsch *Leb' wohl, Berlin* heißt, eingegangen.

Dieses Exemplar von *Leb' wohl, Berlin* stammt aus dem Schwulen Museum in Berlin.

Vorherige Doppelseite:

Die Schloßbrücke

Wir sind Treibsand in Berlin«, sagt die Amerikanerin Sally Bowles in *Cabaret*, dem Film von Bob Fosse, der seinen Stoff dem englischen Schriftsteller Christopher Isherwood verdankt. Wer *Cabaret* gesehen hat, wird nicht vergessen haben, wie Liza Minelli die Tänzerin Sally Bowles verkörpert: Sally, die zum Film will und ebenso freizügig lebt, wie sie spricht, Sally mit einer Zigarre, Sally, wie sie ein Ei mit Worcestersauce schlürft, Sally, die »Prärieauster«. Aber er wird sich kaum an ein Bild von Berlin aus diesem Film erinnern können. Das hat seinen guten Grund: Die frühen dreißiger Jahre, in denen die Handlung angesiedelt ist, waren 1970, als er gedreht wurde, aus dem Westberliner Stadtbild fast gänzlich verschwunden.

Am Anfang sehen wir den englischen Schriftsteller und Sprachlehrer Brian Roberts im Anhalter Bahnhof. Schnitt. Eine Revueszene in einem Cabaret. Schnitt. Roberts steigt aus einem Linienbus, schaut sich um, die Kamera folgt seinen Blicken jedoch nicht. Schnitt. »Willkommen im Cabaret« wird gesungen. Beine in Strapsen werden geschwenkt. Schnitt. Roberts steht vor der Wohnung, in der sein Zimmer sein wird.

Was wir nicht sehen, nachdem er den Bus in der Potsdamer Straße verlassen hat: den wuchtigen Sportpalast, der vor ihm liegt; dort finden jetzt regelmäßig politische Kundgebungen statt. Er biegt in die Bülowstraße ein, geht an einem kleinen Kino vorbei – gezeigt wird ein Film über ein Mädchen, das seine Bühnenlaufbahn für eine große Liebe opfert –, vor der Bankfiliale am Nollendorfplatz hat sich eine Schlange gebildet, gleich dahinter, in der Motzstraße, steht eine zusammenklappbare Bude aus Segeltuch, davor sitzt ein Mann mit Froschaugen. Endlich erreicht er die Nollendorfstraße. Es ist, wie er findet, eine »düstere Straße, eine massive Pracht. Kellerläden, in denen tagsüber Licht brennt, im Schatten gewaltiger, balkongeschmückter Fassaden, schmutziger Stuckfronten mit hervorquellenden Schnörkeln und heraldischen Symbolen.«

Das alles sehen wir in *Cabaret* nicht. Aber wir können davon lesen in *Goodbye to Berlin*, einer Reihe von sechs Episoden, die Isherwood 1939 als Buch veröffentlicht hat. Es sind die Fragmente eines großen Romans, den der Schriftsteller während seines vierjährigen Aufenthalts in Berlin von 1929 bis 1933 unter dem Titel *The Lost* zwar angefangen, aber auch später nie vollendet hat.

Was wir weder im Buch lesen noch im Film sehen können, sind jedoch Namen wie »Dorian Gray«, »Pan Diele« oder »Hollandaise«, die sich damals ebenfalls an der Wegstrecke befanden, und die sowohl Isherwood als auch seinem Alter Ego Roberts bestimmt aufgefallen sind. Es handelt sich nämlich um die Namen von Lokalen für Homosexuelle.

Auch die größten Schriftsteller können irren. Als Honoré de Balzac im Oktober 1834 von Polen, wo er die Gräfin Hanska besucht hatte, nach Paris zurückfuhr, machte er einen Abstecher nach Berlin. »Stellen Sie sich ein Genf vor, das in einer Sandwüste verloren ist, und Sie haben ein Bild von Berlin«, schrieb er daraufhin in einem Brief, und fügte hinzu: »Es wird vielleicht einmal die Hauptstadt von Deutschland werden, aber es wird immer eine Hauptstadt der Langeweile sein.« Mit seiner ersten Annahme sollte Balzac Recht behalten. Mit seiner zweiten nicht.

Mindestens 80 solcher Lokale gebe es in der Stadt, schreibt 1930 der *Führer durch das lasterhafte Berlin*. Darunter fallen sowohl die vielen, nur Insidern bekannten Kellerschuppen als auch Transvestitenbars wie das legendäre »Eldorado«, das vorwiegend Touristen anzieht. Und die Tanzpaläste in der Bülowstraße, die auch von Lesben frequentiert werden. Diese Lokale inserieren sogar in Zeitschriften wie *Die Freundschaft* oder *Der Eigene*, ohne dabei allzu direkt zu werben, denn offiziell steht (männliche) Homosexualität 1930 immer noch unter Strafe. Zwar ist der berüchtigte Paragraf 175 des deutschen Strafgesetzbuchs, der »beischlafartige Handlungen« unter Männern verbietet, 1929 entschärft worden. Aber weiterhin gilt, was Hans Siemsen zwei Jahre zuvor geschrieben hat: »Ein schwules Lokal, das der Polizei nicht bekannt wäre [...], gibt es in ganz Berlin nicht.«

Und es gibt solche Lokale fast in ganz Berlin. Die Zentren liegen in der Gegend zwischen Nollendorfplatz und Bayerischem Viertel, wo es fein zugeht und die Männer sich die Blässe ins Gesicht schminken. Und in der südlichen Friedrichstadt, vor allem in der Alten Jakobstraße, wo sich die Stricher tummeln. Obwohl es in »literarischen und halbliterarischen Kreisen« schick ist, in diese Halbwelt hinabzusteigen, wie der *Führer durch das lasterhafte Berlin* bemerkt, haben sich von dieser Szene kaum Zeugnisse erhalten. Eines findet sich in *Christopher and His Kind 1929–1939*, der 1976 veröffentlichten Autobiografie von Isherwood. Darin schildert er die Atmosphäre in seinem Stammlokal, dem »Cosy Corner« an der Zossener Straße 7. Die Symbole der Dekadenz fehlen hier, nur ein »paar Photographien von Boxern und Radrennfahrern« zierten die Wände. Und heiß ist es, so heiß, dass die jungen Männer ihre Hemden aufknöpfen.

Noch viel diskreter verfährt der Ich-Erzähler in den sechs Geschichten von *Goodbye to Berlin*. Nur wer zwischen den Zeilen lesen kann, versteht die Botschaft. An der Oberfläche scheint dagegen jedes Begehren ausgelöscht. »Ich bin eine Kamera mit offenem Verschluß, nehme nur auf, denke nichts«, heißt der berühmteste Satz des Buches. Diese Programmatik erinnert an Nabokovs Blick auf Berlin. Aber im Unterschied zu diesem richtet Isherwood sein Objektiv vor allem auf die Menschen, und keinesfalls blickt er dabei kühl durch den Sucher. Wir verdanken ihm ein paar sehr einfühlsame Milieuschilderungen aus den Krisenjahren am Ende der Weimarer Republik. Knapp drei Jahre wohnt Isherwood in der Nollendorfstraße 17 zur Untermiete. Er ist dort der »Herr Issyvoo«, wie ihn seine Vermieterin nennt, die als kurzbeiniges, klatsch- und eifersüchtiges, aber herzensgutes »Fräulein Schröder« den Bestand an Berliner Charaktertypen in der Literatur bereichert hat. Jean Ross, eine ihrer Untermieterinnen, wird später zum Vorbild für Sally Bowles.

Isherwood führt das Leben eines Bohemiens und kommt mit den gegensätzlichsten Milieus in Berührung. Bevor er im Dezember 1930 nach Schöneberg ziehen wird, wohnt er eine Weile am unteren Ende der Friedrichstraße, einer proletarischen Gegend, in der auch sein Freund, der britische Dichter W. H. Auden (1907–1973) lebt, der ihn in die Freuden des »Cosy Corner« einführt. In der Episode »Die Nowaks« erinnert sich der Erzähler an das Leben in den dortigen Mietskasernen, an seine grauen Tage und seine Nächte: Im Nebenzimmer hatte Frau Nowak einen Hustenanfall, ihr Sohn Lothar drehte sich um und gab undeutlich drohende Laute von sich. Auf der anderen Seite des Hofes fing ein Kind an zu schreien, »ein Fenster wurde heftig zugeworfen, und irgendwo, in den tiefsten Tiefen des Hauses, schlug etwas sehr Schweres dumpf gegen eine Wand. Fremdartig mutete das an, geheimnisvoll und unheimlich, als schliefe man allein draußen im Dschungel.«

Im Dschungel? Eher in einer Eiswüste. In der »Berliner Tagebuch« betitelten, letzten Episode des Buchs beschreibt Isherwood jene eiskalten Winternächte, in denen man spüren konnte, wie die »preußische Ebene in die Stadt hineinkroch«, sie, die sonst dort begann, wo die Straßen sich in »froststarre Kleingärten verlieren«. Damit versinnbildlicht er auch die große, diffuse Angst jener Tage.

Das politische Klima am Ende der Weimarer Republik hat Isherwood ausführlich in seinem Roman *Mr Norris changes trains* (1935) festgehalten, jenem anderen Buch, das aus seinen Berliner Jahren hervorgegangen ist. Nach *All the Conspirators* (1928) und *The Memorial* (1930) ist es sein dritter Roman. Auch er ist autobiografisch eingefärbt. Arthur Norris, die Hauptfigur, trägt die Züge

Rechts: Das Berliner Olympiastadion. Als 1936 die Olympischen Spiele stattfanden, war Isherwood nicht mehr in der Stadt. Aber Tom Wolfe wurde Zeuge dieser gigantischen Festivität.

Folgende Doppelseite:

Links: Der legendäre »Powder Room« der Schöneberger Schwulenkneipe »Der Hafen«

Rechts: Kastanienwäldchen neben der Neuen Wache, Unter den Linden. Zu Isherwoods Zeiten ein heimlicher Treffpunkt der Invertierten.

von Gerald Hamilton, einem Mann mit extravagantem Geschmack, schrillen sexuellen Neigungen und undurchsichtigem Geschäftsgebaren, zu dessen Bekannten Aleister Crowley zählte. Er habe Isherwood mit dem berüchtigten Okkultisten, der 1932 ebenfalls in Berlin lebt, bekannt gemacht, wird Hamilton in seinem Buch *Mr Norris and I: an autobiographical sketch* (1956) behaupten. Allerdings ist er, wie sein Doppelgänger im Buch, kein verlässlicher Zeuge. An diesem trügt nicht nur die Haarpracht, auch politisch und moralisch ist er zweideutig. Am Ende stellt sich heraus, dass er die Berliner Kommunisten, vor denen er kämpferische Reden schwingt, ausspioniert hat. Aber wirklich böse kann ihm, tragikomisch wie er wirkt, keiner seiner getäuschten Genossen sein.

Eine Gestalt wie Mr Norris entspringt einer Gesellschaft, die den Boden unter den Füßen verloren hat und ihr Heil im politischem Extremismus sucht. Der Roman endet Anfang 1933. Am 27. Februar brennt der Reichstag, die Tat wird den Kommunisten zugeschrieben, der Holländer Marinus van der Lubbe festgenommen und zum Tode verurteilt. (Heute vermuten viele Historiker, dass die Nazis selbst hinter dem Anschlag standen.) Am 5. März wählen 44 Prozent aller Deutschen die Nationalsozialisten, welche dank einer verbündeten rechten Gruppierung die absolute Mehrheit im deutschen Parlament erlangen. Isherwood erinnert sich an diese tiefgreifenden Ereignisse mit einem genauen Blick für ihre »Veralltäglichung« (Max Weber):

»Anfang März, nach den Wahlen, wurde es auf einmal mild und warm. ›Hitlerwetter‹, sagte die Portiersfrau, und ihr Sohn bemerkte scherzend, wir müßten van der Lubbe dankbar sein, denn der Reichstagsbrand hätte den Schnee zum Schmelzen gebracht. ›So ein nett aussehender Bursche‹, meinte Fräulein Schröder seufzend. ›Wie konnte er bloß hingehen und so eine schreckliche Sache machen?‹ Die Portiersfrau schnaubte verächtlich.«

Auch die antisemitischen Ausbrüche der Portiersfrau notiert Isherwood. Für Antisemitisches ist er gewiss nicht zuletzt durch Magnus Hirschfeld sensibilisiert worden. Der engagierte Leiter des Instituts für Sexualwissenschaft im Tiergarten, In den Zelten 9 a, beherbergt den jungen Schriftsteller im Winter 1929/30. Durch den befreundeten Dichter Stephen Spender lernt Isherwood die jüdische Kunststudentin Gisa Soloweitschik kennen. Sie wird zum Vorbild für Natalie Landauer, die in *Cabaret* als spröde Geliebte von Fritz Wendel, dem Hochstapler und Freund von Sally, wiederkehrt. 1933 emigriert Soloweitschik nach Paris und heiratet einen Neffen von André Gide.

Natalie Landauer aus *Goodbye to Berlin* ist die Tochter eines Warenhausbesitzers. »›Landauer‹ war ein riesiges Gebäude aus Stahl und Glas, unweit des Potsdamer Platzes«, schreibt Isherwood. Vermutlich stand ihm bei diesem Warenhaus das riesige »Wertheim« am Potsdamer Platz/Ecke Leipziger Straße vor Augen (im Krieg zerstört). Geleitet wurde das Kaufhaus von Bernhard Landauer, einem gebildeten, ebenso sarkastischen wie melancholischen Junggesellen. Einer Figur, wie sie Joseph Roth kreiert haben könnte, um ein Zeitalter zu verabschieden.

Es ist vor allem dieses Lebensgefühl, und weniger einzelne Details oder gar ein genaues Bild von Berlin, das der Film – vermittelt über das erfolgreiche Broadway-Musical von 1966, auf dem er basiert – der Buchvorlage entnimmt. *Cabaret* setzt ganz buchstäblich eine Redensart um: ›am Abgrund tanzen‹. »KitKat« heißt der Club, in dem Sally Bowles tanzt und singt und liebt. »Eines Tages kreuzt Max Reinhardt noch im ›KitKat‹ auf. Kann man ja nie wissen«, sagt sie einmal im Film zu Brian, auf ein Engagement bei dem legendären Theaterregisseur hoffend. Was sie unmöglich wissen konnte: Rund siebzig Jahre später wird sich der berühmteste freizügige Club Berlins nach ihrem Club nennen. Und für einige Zeit wird dieser neue »KitKat Club« im »Metropoltheater« am Nollendorfplatz unterkommen, wo im Januar 1930 die Theaterfassung von Vicki Baums Erfolgsroman *Menschen im Hotel* uraufgeführt wurde. Von Max Reinhardt.

»Der Kurfürstendamm unter ihm lag still und leer da«, etliche Blätter waren schon herbstlich gefärbt, die Cafés zu dieser Stunde noch menschenleer. Ein paar Häuserblocks weiter, am Ende der Straße, schlug die Uhr der Gedächtniskirche verspätet sieben. Mit dem Taxi war er in drei Minuten am Bahnhof. George nahm Abschied von Berlin. Den ganzen Sommer hatte er hier verbracht, im Mai war er an den Seen vor der Stadt gewesen, hatte dort das »wunderbare Bronzegold der hohen Kieferbäume« gesehen. Man schrieb das Jahr 1936, es war das Jahr der Olympischen Spiele. Sie waren überwältigend gewesen, so »überwältigend, daß es schon fast bedrückend schien«. Immer stärker hatte er eine schleichende, »ständige Furcht« unter den Deutschen gespürt. Unten gab man ihm die Rechnung, er brauchte nicht nachzurechnen, ein Irrtum war noch nie vorgekommen. – Unten: das wird in der Empfangshalle des »Hotels am Zoo« gewesen sein, Kurfürstendamm 25. Dort wohnte der amerikanische Schriftsteller Thomas Wolfe 1936. Er ließ diese Zeit in seinen (letzten) Roman *You can't go home again* (1940) einfließen, zu Deutsch: *Es führt kein Weg zurück.*

Der Isherwood-Tag

Kommt drauf an, wie Sie veranlagt sind. Wenn Sie als Mann andere Männer lieben, dann gehen Sie in die Motzstraße in Schöneberg, dort wird man Ihre Liebe erwidern. Wenn Sie als Frau auf Frauen stehen, könnte sich ein Blick in die Rubrik »Gleich & Gleich« lohnen, die bei »Lust und Liebe« im Stadtmagazin Zitty *steht. Wenn Sie die Dichtung lieben, sollten Sie den »Brief an W. H. Auden« auswendig lernen, den der Dichter Armin Senser verfasst hat. Senser lebt in Berlin, der Brief ist in seinem Gedichtband* Großes Erwachen *(München 1999) abgedruckt. Hier die beiden ersten Strophen:*

Wir wurden uns leider nie vorgestellt.
Jedoch Verse wie die Ihren hinterlassen,
wenn sie aufwachen, Spuren. Und wenn
der Ton sich im Ohr niedergelassen hat,
ist der Komplize mit dir schon mitten in
der Strophe. Was wir dann Muse nennen,
entpuppt sich als kopulierende Worte –

oder Zeiten. Denn jedes Werk braucht für
seinen Unterhalt die ganze Vergangenheit.
Berührungen sind somit nicht zu vermeiden,
Intimeres nicht ausgeschlossen (man hört ja so
einiges – von alten und neuen Stimmen) und
wenn ich Ihnen schreibe, antworte ich nur,
weil sie schweigt, die Zeit nach Ihrer Biographie –

Leipziger Straße. Der Club »Tresor«, Anfang der neunziger Jahre eine Keimzelle der Technomusik, befindet sich im früheren Tresorraum des »Kaufhauses Wertheim«.

Die Medienstadt

»Auf meinem Nachttisch haben viele Bücher gelegen, in denen waren
Schilderungen von Zeitungsredaktionen zu finden. Da ging es hoch her.«
(Peter Panter)

»Denn was ein richtiger Affe ist, der kann ohne so etwas nicht leben.«
(Kurt Tucholsky)

D ie Zahl der Romane, die in den zwanziger Jahren im Milieu der Medien spielen, ist groß.
Das hat, nebst anderem, einen banalen Grund: Die meisten Schriftsteller kennen eine Zei-
tungs- oder Zeitschriftenredaktion von innen. So auch Vicki Baum (1888–1960), die sich
später noch gut an den Hinweis des Chefredakteurs der *Berliner Illustrirten Zeitung* erinnern wird,
als sie sich 1926 bei ihm vorstellte:

> »[V]ielleicht fände ich sogar, wenn ich eine Weile in der einen oder anderen Eigenschaft im Ver-
> lag arbeitete, allerlei Anregungen und Stoffe für meine Romane, und das wäre ja nur zum bei-
> derseitigen Vorteil, nicht wahr?«

Kurt Korff, so hieß der Chefredakteur, sollte auf der ganzen Linie Recht behalten. Fünf Jahre lang
schreibt Vicki Baum fortan Rezensionen, liest Manuskripte, beantwortet Leserbriefe. Aber, zugege-
benermaßen, ihr erfolgreichster Roman jener Tage handelt nicht von Journalisten, sondern von den
Gästen eines Berliner Luxushotels: *Menschen im Hotel* erscheint 1929 in Korffs *Berliner Illustrirten*
als Vorabdruck, wird als Buch rasch ein Welterfolg, dann mit Greta Garbo in der Hauptrolle verfilmt
und 1932 uraufgeführt.

Da lebt Vicki Baum schon in Hollywood und verfasst Drehbücher für Paramount Pictures, später für Metro-Goldwyn-Mayer. Ihr bleibt die lebendige Erinnerung an ein Redakteurinnenleben in
Berlin, vor allem auch an das »brodelnde Ullsteinhaus in der Kochstraße«. Drei große Verlagshäuser
dominieren seit der Jahrhundertwende den Berliner Pressemarkt: Neben Ullstein sind es Mosse,
Scherl und später der nationalistische Hugenberg-Konzern. Ihre Hauptsitze liegen in der Gegend
um die Kochstraße, die sich zu einem regelrechten Zeitungsviertel auswächst. Scherl residiert in der
Zimmerstraße, ins Ullsteinhaus gelangt man an der Ecke Koch-/Charlottenstraße und ins Mosse-
haus an der Ecke Schützenstraße/Jerusalemer Straße.

1924, nach dem Ende einer mehrjährigen schweren Inflation, setzt der Berliner Presseboom ein.
Neugründung reiht sich an Neugründung. 1928 zählt man nicht weniger als 2633 verschiedene
Presseerzeugnisse, davon sage und schreibe 147 Tageszeitungen. Mit seinen rund 4,3 Millionen Ein-
wohnern ist Berlin zu dieser Zeit die drittgrößte Stadt der Welt. Allerdings – und daran hat sich bis
heute nichts geändert – ein Weltblatt wie die *Times* oder *Le Monde*, eine Zeitung also, die in der ganzen
Welt gelesen wird, weil sie im ganzen Land meinungsführend ist, bringt Berlin nicht hervor. Dafür

Setzkasten mit Lettern, zu besichtigen im
Deutschen Technikmuseum Berlin

Vorherige Doppelseite:

Das Ullsteinhaus am Hafen Tempelhof

Am Abend des 1. Oktobers 1810 zogen viele Bürger zum Haus hinter der Katholischen Kirche Nr. 3, um dort eine neue Zeitung gratis zu erhalten. Sie war in der *Vossischen Zeitung* als ein Organ angekündigt worden, das auf »vernünftige Art unterhält«. Gestützt auf Polizeinachrichten wollten sie täglich über alles »Merkwürdige und Interessante« in der Stadt berichten. *Berliner Abendblätter* nannte sich dieses vielleicht erste Boulevardblatt der Welt. Bald erfuhr man, dass kein geringerer als Heinrich von Kleist (1777–1811) dahinter steckte. Der bekannte Dramatiker und Novellist lebte seit Anfang des Jahres in Berlin, an der Mauerstraße 53. Seine literarischen Projekte stockten etwas – *Das Kätchen von Heilbronn* kam hier nicht zur Aufführung – und eine kleine Pension, die er sich durch eine Ode an die Königin ergattert hatte, wurde nach deren Tod nicht erneuert. So war, neben dem intellektuellen Reiz der Aufgabe, auch Geldnot ein Grund für seine journalistische Tätigkeit.

Rechts: Die Fassade des Springer-Hochhauses an der Kochstraße

erscheinen manche ihrer Zeitungen zweimal, die *BZ* sogar dreimal am Tag. »Bezett am Mittag! Bezett! Bezett!«: 1904 wird sie als erste Zeitung in Berlin auf der Straße angepriesen. Mit den technischen Innovationen steigt das Tempo stetig, vor allem der Wettlauf um die aktuellsten Börsenkurse wird imposant. Zur Symbolfigur dieser hektischen Zeit wird der »rasende Reporter« Egon Erwin Kisch. In diesem Treiben geht es nicht zimperlich zu, Zynismus erleichtert das Geschäft: »Merken Sie sich folgendes: Meldungen, deren Unwahrheit nicht oder erst nach Wochen festgestellt werden kann, sind wahr«, erklärt ein Redakteur in Erich Kästners *Fabian* (1931), einem der wichtigsten Romane über die Weimarer Republik. Kästner (1899–1974), dem 1928 mit *Emil und die Detektive* ein Welterfolg gelungen war, schrieb für verschiedene Berliner Tageszeitungen, unter anderem für den *Montag Morgen*.

Der erste verantwortliche Redakteur des *Montag Morgen* war Carl von Ossietzky, der dann *Die Weltbühne* leitete, und 1936 – als KZ-Häftling – den Friedensnobelpreis erhielt. Zu dieser Zeit erscheint *Die Weltbühne* schon im Exil in Prag. Bis Anfang 1933 wurde die wichtigste unabhängige linke Wochenzeitschrift in der Kantstraße 152 gemacht. Ihren Ruf verdankt sie dem großen, 1890 in Berlin geborenen Satiriker Kurt Tucholsky. Auch politisch weniger interessierte Zeitgenossen kannten ihn damals längst als Autor der Erzählung *Rheinsberg*, einem *Bilderbuch für Verliebte* (1912).

Aber was heißt hier eigentlich »Kurt Tucholsky«? Auch Ignaz Wrobel, Peter Panter, Theobald Tiger und Kaspar Hauser sind ja keine Unbekannten; unter all diesen Pseudonymen schreibt Tucholsky nämlich ebenfalls. In der Vorrede zu *Mit 5 PS* (1927), einem Band, der seine Kolumnen aus der *Weltbühne* versammelt, erklärt er, wie nützlich es ist, »fünfmal vorhanden zu sein – denn wer glaubt in Deutschland einem politischen Schriftsteller Humor? Dem Satiriker Ernst? Dem Verspielten Kenntnis des Strafgesetzbuches, dem Städteschilderer lustige Verse? Humor diskreditiert – wir wollten uns nicht diskreditieren lassen«.

Im Winter 1928 wird in der *Vossischen Zeitung* – der ältesten Zeitung Berlins – ein Roman abgedruckt, der sich bis heute weltweit über 50 Millionen Mal verkauft hat: *Im Westen nichts Neues* von Erich Maria Remarque. Der Autor ist ein bis dato kaum bekannter dreißigjähriger Sportjournalist aus Osnabrück, der mit bürgerlichem Namen Erich Paul Remark heißt (und im Übrigen kaum Kriegserfahrung hat). Wie »der Remarque« zu einer Marke wird, ist ein spektakulärer Fall von *branding*, wie man heute sagen würde. Die intensive Vermarktung von Literatur ist nicht das Privileg unserer Tage; schon zu Remarques Zeiten kann ein Verlag im Zusammenspiel mit den hauseigenen Illustrierten und Zeitungen ein einfaches Manuskript und einen schreibenden Menschen in einen Bestseller und einen Star verwandeln.

Die meistgelesene Zeitung der Stadt ist die *Berliner Morgenpost*. Im April 1930 erreicht sie eine Auflage von mehr als 400 000 Exemplaren (am Sonntag gar 623 000). Das ist ihr Höchststand. 1892 ist sie gegründet worden, ihr erster Chefredakteur war Arthur Bremer. Bis die *Morgenpost* ihn zu ihrem Chef macht, ist Bremer ein »Kaffeehaus-Literat par excellence« (Peter de Mendelssohn), einer, der im »Café Friedrichshof« in der Friedrichstraße seine Autoren trifft, die Korrespondenz erledigt und daneben selbst diverse Fortsetzungsromane verfasst. Bei der *Morgenpost* baut er das Feuilleton aus, löst es von seinem festen Ort »unter dem Strich« und lässt es ins ganze Blatt einfließen. Leicht lesbare, pointenreiche Artikel, wie sie ein Feuilleton auszeichnen, finden sich nun auch in der Politik, im Lokal- und sogar im Wirtschaftsteil.

Die Gerichtsreportage wird zu einem gern gelesenen Genre. Oft schreibt sie ein versierter Schriftsteller. So berichtet Joseph Roth (1894–1939) für die Mittagsausgabe der *Neuen Berliner Zeitung* vom Aufsehen erregenden »Rathenau-Prozeß«: Am 24. Juni 1922 wurde der deutsche Außenminister Walther Rathenau auf offener Straße erschossen, angeklagt sind fünf junge Mitglieder des rechtsradikalen Geheimbundes »Organisation Consul«, unter ihnen – als Nebentäter – auch der spätere Schriftsteller und Rowohlt-Lektor Ernst von Salomon.

Rechts: Die »Ullstein-Eule« verschönert das imposante Druckhaus des »Ullstein Verlags«, das 1926 am Teltowkanal in Tempelhof gebaut wurde. Unter anderem wurde dort der *Uhu* hergestellt. Damals nannte man es »das Haus, das niemals schläft«. Nun holt es diesen Schlaf seit geraumer Zeit nach.

Daneben: 75 Jahre später konnte man in Berlin mit diesen Seiten der *FAZ* ganz gut wach werden.

Rechte Seite: Grabmal des Verlegers Leopold Ullstein auf dem jüdischen Friedhof an der Schönhauser Allee

In seinen drei Berliner Jahren schreibt Roth unzählige Feuilletons. »Seifenblasen« nennt er diese Prosa über Gott und die Welt selbstironisch in einem »Feuilleton« (so der Titel seines Textes) für den *Berliner Börsen-Courier*. Knapp »eine Stunde« habe er dafür gebraucht, informiert er seine Leser frech. Und später, als legendär gewordener Korrespondent der *Frankfurter Zeitung*, bekundet er in einem Brief: »*Mich* liest man mit Interesse. *Nicht* die Berichte über das Parlament, *nicht* die Telegramme. […] *Ich zeichne das Gesicht der Zeit*. Das ist die Aufgabe einer großen Zeitung.«

Aber am besten kann man ein Gesicht der Zeit doch in intellektuellen Zeitschriften wie der *Literarischen Welt* oder dem *Querschnitt* zeichnen. Der *Querschnitt* hatte zwar keine besonders hohe Auflage, der Einfluss aber, den er ausübte, reichte weit über seinen Leserkreis hinaus, wie Peter de Mendelssohn in seinem Buch *Zeitungsstadt Berlin* betont. »Er machte sich im Geschmack und Lebensstil, in der geistigen Haltung von Menschen spürbar, die den ›Querschnitt‹ nie gesehen hatten und kaum wußten, daß es ihn gab.« Wodurch wird das Blatt, in dem Jean Cocteau, George Grosz, Klaus Mann, Ernest Hemingway, Franz Blei, Polly Tieck und andere schrieben, so verführerisch und stilbildend? Neben dem sensationellen Layout ist es ein zugleich ironisches und blasiertes Versprechen, dem nicht jeder folgen kann und soll, ein Versprechen auf den verborgenen »Charm of Berlin« – wie ein englischsprachiger Artikel betitelt war.

Ähnlich innovativ wie der *Querschnitt*, aber weniger extravagant ist *Uhu – Das Monatsmagazin*, ebenfalls aus dem »Ullstein Verlag«. Das Magazin existiert von 1924 bis 1933, seine höchste Auflage beträgt 210 000 Exemplare. Nirgendwo sonst zeigt sich das Berlin der zwanziger Jahre heiterer und leichter als im *Uhu*. Es ist ein populäres Magazin für Leser, das diesen vor allem auch die Literatur und die Schriftsteller selbst schmackhaft machen will.

Dazu ist den Machern des Magazins fast jedes Mittel recht. Natürlich werden viele Short Stories und Gedichte gedruckt. Sie veröffentlichen aber auch Umfragen wie »Was halten sie von Eifersucht« (Bert Brecht, Colette, Asta Nielsen, George Bernard Shaw u. a. antworten) oder eine Rangliste der

Als Erik Reger (Jahrgang 1893) mit seiner journalistischen Laufbahn begann, hatte er für Berlin nur Verachtung übrig. Lieber schrieb er über das Ruhrgebiet, wo er nach dem Ersten Weltkrieg lebte. Es entstand *Union der festen Hand*, ein Roman aus der Welt der Schwerindustrie an Rhein und Ruhr. Nur langsam näherte sich Reger dagegen der Metropole an der Spree: Noch Alfred Döblins *Berlin Alexanderplatz* rezensierte er 1930 mit leichtem Spott: Das »Milieu« kenne er leider zu wenig. 1943, während der ›inneren Emigration‹ unter den Nazis, verschlug es ihn nach Mahlow südlich von Berlin. 1945 schließlich wurde er Mitherausgeber und Chefredakteur des Berliner *Tagesspiegels*, der unter der Ägide des amerikanischen Presseoffiziers Peter de Mendelssohn (1908–1982) gegründet worden war. »Hier ist Demokratie kein Lippenbekenntnis, keine leicht hingesprochene Phrase mehr. Hier ist sie erkämpft, nicht nachempfunden«, erkannte Reger bald. Er starb 1954.

meistgelesenen Bücher in Berlin im Vergleich zu den Kleinstädten Aumund, Belgard und Bunzlau. Else Lasker-Schüler und Walter Benjamin geben humorvolle Lebenshilfen. Ein Kartenspiel »Jeder sein eigener Diktator« mit Versen von Erich Kästner fehlt ebenso wenig wie »200 Worte Deutsch, die Sie vor zehn Jahren noch nicht kannten« (zum Beispiel »Antenne« und »Sexappeal«) oder 72 Verse zum Selberreimen. Nur Interviews im heutigen Sinne sucht man vergebens. Sie werden in Deutschland erst nach dem Krieg populär.

Im November 1929 bringt das Magazin ein neues Ratespiel: »Wer ist es?« Aus acht Lebensläufen sollen acht große Männer erkannt werden. Kurzbeschreibung sechs endet so: »Sein Stil ist meisterhaft und unübertroffen. Auch im Ausland gilt er als einer der vornehmsten Repräsentanten deutschen literarischen Schaffens. – Wer ist es?«

Nun, wer wohl? Der frischgebackene Nobelpreisträger Thomas Mann.

Der Medien-Tag

Gönnen Sie sich ruhig einmal einen Tag Pause, setzen Sie sich in das »Sale e Tabacchi« in der Kochstraße und finden Sie heraus, wer dies ist:
1926 fährt er von Wien nach Berlin, um über das Konzert eines Jazzmusikers zu berichten. Unter dem Titel »Whiteman feiert in Berlin Triumphe« schickt er zwar den Artikel wie versprochen in seine Geburtsstadt, bleibt aber in der deutschen Hauptstadt. »Die Stadt war der Traum eines jeden Journalisten«, erinnerte er sich später. Als freier Journalist schreibt er für die B. Z., den Querschnitt *und viele andere. Eine Stelle als Nachtredakteur beim* Börsen-Courier *verliert er, weil er allzu vorwitzig über einen Gerichtsfall berichtet hat. Länger wohnt er am Viktoria-Luise-Platz 11. Meistens ist er verliebt,*

Bücher, Tabak und eine gesalzene Portion politisches Engagement –
das ist es, was ein Redakteur der *tageszeitung* braucht. Blick auf das
Verlagsgebäude in der Kochstraße

Rechts: Egon Erwin Kisch. »Der rasende Reporter« ruht hier natürlich nur äußerlich – während ihm die Gedanken nur so durch den Kopf jagen.

Daneben: »Der Portier seinerseits fand sich auch zu einer kleinen Komödie bereit. Er schaute erst in das Fach Nr. 218, bevor er antwortete: ›Diesmal leider nichts, Herr Doktor.‹« Fortsetzung folgt.

Rechte Seite: »Noch braunsten und dröhnten in ihnen die Geräusche der großen Stadt« (Kurt Tucholsky, Rheinsberg). Aber das sollte sich bald ändern für die beiden Verliebten, die sich auf den Weg nach Rheinsberg gemacht hatten. Dort erholen sich bis heute auch Berliner Journalisten vom hektischen Alltag. Man kann es gut verstehen, wenn man das Rheinsberger Schloss und den See betrachtet.

Menschen im Hotel
Roman von Vicki Baum

zum Beispiel in die Tochter des Berliner Polizeipräsidenten und in ein Tiller-Girl. Im »Romanischen Café« entwirft er mit ein paar Freunden das Szenario zu einem halbdokumentarischen Film, der an einem Sonntag spielt: Vier junge Städter machen einen Ausflug zum Wannsee, eine Dame verschläft den Tag. Ab 1929 verlegt er sich aufs Drehbuchschreiben. 1933 verkauft er seine Bauhausmöbel und sein Cabriolet, dann emigriert er. Im hohen Alter dreht er einen Film, der an seine Anfänge als Journalist erinnert – wer ist es?
(Redliwyllib)

Und um wen könnte es sich bei diesem Herrn handeln?
Als er 1903 zum Studium der Philosophie und Mathematik nach Berlin kommt, findet er eine Unterkunft in der Burgstraße 10, vis-à-vis vom Stadtschloss. Im Angesicht der Schlossfassade schreibt er an einem Roman, in dem es um Erziehungsfragen geht. 1911 verlässt er Berlin, kehrt aber 1913 noch einmal zurück, um als Redakteur der Zeitschrift Neue Rundschau zu arbeiten. Er bleibt ein Jahr, dann meldet er sich zum Ersten Weltkrieg. Nach dem Krieg ist er in Wien mit der Arbeit an einem monumentalen Roman so sehr beschäftigt, dass an eine Journalistenlaufbahn nicht mehr zu denken ist. Berlin besucht er aber immer wieder. Er lebt eine Weile sogar noch einmal dort, am Kurfürstendamm 217. Für das Berliner Tageblatt schreibt er 1932 über die »Höfe am Kurfürstendamm«. Er ist ein Experte für alles, was den Tatsachen widersprechen kann. Kein Wunder also, dass er sieht, wie in den Höfen sogar »die abgeblätterten Flecke der Mauern imstande [sind], ein blühendes Leben vorzutäuschen«. Nun, wer ist's?
(Lisumtrebor)

Das Kollektiv in Mitte:
Bertolt Brecht

Bertolt Brecht (1898–1956) zog 1924 nach Berlin, wo er bis zu seiner Emigration 1933 lebte. 15 Jahre später kehrte er nach Ostberlin zurück und verbrachte den Rest seines Lebens dort und in Buckow. Von seinen vielen Stücken seien hier nur *Die Dreigroschenoper* (UA 1928) und *Mutter Courage und ihre Kinder* (UA 1941) genannt, von seiner Lyrik die Gedichtesammlung *Hauspostille* (1927).

Wer in Berlin etwas über Bertolt Brecht erfahren will, der sollte zur Chausseestraße 125 aufbrechen. Dort befindet sich das »Brecht-Haus«, in dem die drei Zimmer besichtigt werden können, die der Dramatiker und Lyriker von 1953 bis zu seinem Tod bewohnte. Im ersten Stock des Hinterhauses gelegen, strahlen die Räume eine maßvolle Eleganz aus. Ratsam sei es, »in Häusern und mit Möbeln zu wohnen, die zumindest 120 Jahre alt sind, also in früherer kapitalistischer Umgebung, bis man eine spätere sozialistische haben wird«, schrieb er schnippisch an seinen Verleger Peter Suhrkamp aus der neuen Wohnung. Brecht lernte die Vernunft mit zunehmendem Alter zu schätzen. Nicht die engstirnige, borniierte, sondern die listige Vernunft, die bei ihm so oft in einem fernöstlichen Gewand daherkommt.

Von dem Wenigen, das die Wände seiner Wohnung ziert, ist vieles chinesisch oder japanisch: mehrere Abbildungen von Konfuzius, eine Rolle mit einem Gedicht von Mao Tse-Tung und drei japanische Nô-Masken, von denen eine die Zähne fletscht. »Mitfühlend sehe ich/ Die geschwollenen Stirnadern, andeutend/ Wie anstrengend es ist, böse zu sein«, heißt es in dem Gedicht »Die Maske des Bösen«, das 1949 in der Zeitschrift *Sinn und Form* erschienen ist. Darin steckte eine leise Selbstironie, denn ein *angry young man* war Brecht selbst einmal gewesen.

Ein böser Zauber ging auch von der Gestalt Josef Stalins aus. Die Legende will, dass Brecht die Werke des sowjetischen Diktators – die neben Leo Trotzkis Schriften in seiner Bibliothek im Brecht-Haus stehen – mit dem Rücken zur Wand stellte. 4000 Bücher umfasst seine Privatbibliothek, darunter auch eine beeindruckende Krimisammlung. Im schwedischen Exil hatten er und Walter Benjamin geplant, selbst Krimis zu schreiben. Aus dem amerikanischen Exil wiederum, das von 1941 bis 1947 währte, stammt die Schreibmaschine der Marke »Royal«, die auf einem Tischchen im großen Arbeitszimmer steht. An der gegenüberliegenden Wand hängt das Plakat von der ersten Aufführung seines »Berliner Ensembles«, nachdem es 1954 ins altehrwürdige Theater am Schiffbauerdamm gezogen war. Und auf einer Kommode stehen zwei alte Fotografien von Friedrich Engels und Karl Marx. Erworben hatte er sie in den zwanziger Jahren, als sein Aufstieg in Berlin begann.

Anders sah es in dem Zimmer aus, das er damals, Ende 1928, an der Hardenbergstraße 1 a bewohnte. Vier Jahre war es her, dass Brecht endgültig in die Reichshauptstadt gezogen war, zunächst zur Schauspielerin Helene Weigel nach Wilmersdorf. Im Gepäck hatte er sein erstes Stück, *Baal*, ein weiteres Drama – *Im Dickicht der Städte* – wurde in München schon gespielt. Auch die berühmte *Hauspostille*, eine Lyriksammlung, war schon veröffentlicht. Der gebürtige Augsburger pendelte lange

Brechts Schreibmaschine im großen Arbeitszimmer in der Wohnung Chausseestraße 125

Vorherige Doppelseite:

Berliner Ensemble am Schiffbauerdamm

zwischen München und Berlin. Nun lebt er also im alten Westen. Zu seinen neuen Berliner Freunden zählt der russische Dichter Sergej Tretjakow, dem wir eine kleine Impression von seinem Zimmer in der Hardenbergstraße verdanken:

> »[Es] ist Diagramm seiner literarischen Biographie. Eingestaubt hängt das Banjo an einer Wand, zu dessen Begleitung er jetzt schon selten Freunden seine Balladen vorträgt. Neben dem Grammophon liegen Schallplatten mit der Dreigroschenoper, von Brecht selber bespielt. Eine riesige Furnierplatte zeigt eine Skizze, flüchtig hingeworfen, anspruchslos, mit verwaschenen Farben, von der Hand des Künstlers, der die Ausgestaltung von ›Mann ist Mann‹ besorgte.«

Die erwähnte *Dreigroschenoper* wird im August 1928 im Theater am Schiffbauerdamm uraufgeführt und bringt Brecht einen ersten großen Publikumserfolg, nicht zuletzt dank der Musik von Kurt Weill. Sie basiert auf John Gays *Beggar's Opera* (1728), die im viktorianischen London angesiedelt ist. Gleichwohl wird sie als Ballade des modernen Großstadtlebens wahrgenommen und scheint ganz gut auf die Berliner Verhältnisse übertragbar. So sieht die *BZ am Mittag* im Bandenchef Macheath, genannt Mackie Messer, einen »geschniegelten und maulfertigen Gesellen«, dem sich die Berliner »Eleganz« fasziniert zuwende.

Das von Tretjakow ebenfalls genannte Stück *Mann ist Mann* (Uraufführung 1926) wird in Berlin erstmals 1928, an der Volksbühne, inszeniert. Die Geschichte vom Packer Galy Gay, der sich von einem harmlosen Individuum in einen martialischen Soldaten verwandelt, markiert Brechts Hinwendung zum »epischen Theater«. Dieses will sich nicht des Mittels der Identifikation bedienen, sondern berichtend-distanzierend wirken und durch Verfremdungseffekte den Zuschauer zu einer kritischen Urteilsbildung anregen. Anders als seine »epische Oper« – *Aufstieg und Fall der Stadt Mahagonny* (1930) – ist *Mann ist Mann* noch kein Publikumserfolg, nach nur sechs Aufführungen wird das Stück vom Spielplan des Theaters am Gendarmenmarkt abgesetzt.

Mit der Verschärfung der sozialen und politischen Lage gegen Ende der Weimarer Republik radikalisiert sich auch Brecht. Es entstehen Lehrstücke wie *Der Flug der Lindberghs* oder *Der Jasager*, dessen Uraufführung im Juni 1930 vom Rundfunk übertragen wird. Bis heute irritiert unter seinen

Lehrstücken am meisten *Die Maßnahme*. Darin rechtfertigen sich vier kommunistische Agitatoren vor einem Parteigericht für den Mord an einem jungen Genossen. Die Uraufführung findet am 10. Dezember 1930 im Großen Schauspielhaus statt.

Unter dem Druck der Berliner Polizei, die das Stück für subversiv hält – man lerne, wie »die Polizei hinters Licht geführt« werde –, darf es mancherorts nicht mehr aufgeführt werden. Aber auch in der sozialistischen DDR wird man es später nicht spielen. Anstößig scheint *Die Maßnahme* in konträrer Hinsicht. Das *Berliner Tageblatt* vergleicht die tödliche »Maßnahme« gegen den jungen Kommunisten sogar mit den Fememorden der Rechtsradikalen.

Neben dieser eisernen Ration Klassenkampf zeichnet Brecht auch das sanfte Bild einer solidarischen Gemeinschaft der Werktätigen. *Kuhle Wampe oder Wem gehört die Welt?* bleibt der einzige Film der Weimarer Republik mit offen kommunistischen Tendenzen. Formal an den sowjetischen Montagefilmen orientiert, schreibt Brecht am Skript mit, Hanns Eisler komponiert die Musik und Slatan Dudow führt Regie. Der Film handelt von einer Proletarierfamilie, die ausgemietet wurde und in der »Zeltkolonie Kuhle Wampe, der ältesten Wochenendsiedlung Deutschlands« ein neues Dach über dem Kopf findet. Diese Kolonie liegt südöstlich von Berlin, am Müggelsee, unweit der Müggelberge, von den Nazis wird sie später aufgelöst. Ein gleichnamiger heute bestehender Zeltplatz ist mit der historischen »Kuhlen Wampe« nicht identisch.

Obwohl der Film auch die kleinbürgerlichen Tendenzen der Arbeiter zeigt und manche sogar finden, er verharmlose die Not des Vierten Standes, wird er verboten und kann 1932 erst unter erheblichen Konzessionen im Filmtheater »Atrium« in Charlottenburg uraufgeführt werden. Fast mehr noch als an den politischen Inhalten scheint sich die Zensur an der »entsittlichenden Wirkung« des Films zu stoßen. So müssen alle Nacktbadeszenen gestrichen werden.

Folgende Doppelseite:

Brechts Theorie des »V-Effekts« einmal
auf einen Bildband angewandt. Blick von
der Bühne des Berliner Ensembles in den
Zuschauerraum

133

Rechte Seite: Erst wenn niemand mehr von ihnen profitieren kann, wird es keine Kriege mehr geben: das Bühnenmodell zu *Mutter Courage*. Es steht im Kellerrestaurant im Brecht-Haus, Chausseestraße 125.

Viele Menschen finden Brecht etwas schulmeisterlich. Aber er ließ sich gelegentlich auch selbst belehren. Zusammen mit seinem Komponisten Kurt Weill wollte er im Sommer 1930 überprüfen, welche Wirkung ihre Schüleroper *Der Jasager* auf das Zielpublikum hatte. Die Oper wurde zu diesem Zweck an der Karl-Marx-Schule in Neukölln aufgeführt und anschließend von den Schülern bewertet. Deren Kritik am Opfertod des »Knaben« im Stück brachte Brecht dazu, einen alternativen Schluss zu entwerfen, in dem sich der Knabe seinem Los widersetzt. »Wer A sagt, muß nicht B sagen«. Fortan bestand die Oper aus zwei Varianten und hieß *Der Jasager und der Neinsager*.

Es ist viel über das Verhältnis zum »Körper« in der Weimarer Republik geschrieben worden, wie er verhüllt und gepanzert wurde – bis hin zu den Uniformen der zahlreichen paramilitärischen Verbände. In den Städten rüstet man zum Bürgerkrieg, manchem harten Mann scheint es sogar ratsam, sich mit seinem ganzen Wesen unsichtbar zu machen. So fordert das erste Gedicht von Brechts *Lesebuch für Städtebewohner*: »Wer seine Unterschrift nicht gegeben hat, wer kein Bild hinterließ/ Wer nicht dabei war, wer nichts gesagt hat/ Wie soll der zu fassen sein!/ Verwisch die Spuren!«

Bald darauf geht Brecht ins Exil, erst nach Skandinavien, dann in die USA. Dort entsteht ein großer Teil seines Werks. Obwohl er noch zwei Jahre vor seinem Tod den ›Befehl‹ erteilt haben soll, »alles von mir, einschließlich meines Autos« im »Schiffbauerdamm-Kanal« zu versenken, hat er seine Spuren dann doch nicht verwischt. Im Gegenteil. Allein die im Jahr 2000 vollendete »große kommentierte Berliner und Frankfurter Ausgabe« umfasst dreißig Bände. Darunter sind Stücke wie das *Fatzer*-Fragment oder die *Flüchtlingsgespräche*, die ohne Edition aus dem Nachlass gar nicht bekannt wären. Auch das *Arbeitsjournal* gäbe es nicht: Brecht müsse ein »manischer Aufschreiber« gewesen sein, urteilte Max Frisch. In der Tat, 356 000 Dokumente, davon rund 200 000 Werkhandschriften in Kopien, lagern im »Bertolt-Brecht-Archiv« der Akademie der Künste, das über den Zimmern des Dichters in der Chausseestraße liegt.

Mit dem Umbau des Hauses zum »Brecht-Zentrum der DDR« entstand 1978 im Vorderhaus neben einem Buchladen auch das »Literaturforum«, in dem bis heute Lesungen und Kolloquien stattfinden. Wichtigste Veranstaltung sind die alljährlichen »Brecht-Tage«. Ein Blick auf zurückliegende Themen lässt ihren jeweiligen zeitgeschichtlichen und ideologischen Rahmen erkennen: So wird 1982 über die »Kommunistische Erziehung mit dem künstlerischen Werk Brechts« diskutiert. Im darauf folgenden Jahr untersucht man »Brechts Verhältnis zum Marxismus«. Zwei Jahre vor dem Mauerfall scheint die Zeit reif für einen »vergnüglichen Umgang mit Brecht«. »Aber natürlich ist zu beachten, daß man Vergnügen entwickeln, erziehen muß und daß zum Genuß die Arbeit, das Lernen gehört«, schreibt dazu das Informations- und Mitteilungsblatt des Zentrums. 1989 gehen mit der DDR auch solche Floskeln zugrunde.

In jenem Jahr sind die »Brecht-Tage« über die stürmische Aktualität erhaben und widmen sich den theoretischen Schriften des Meisters. 1990 wird Ostberlin schließlich von postmodernen Medientheoretikern aus Westdeutschland besetzt: »Brechts medienästhetisches Konzept« lautet ihr Thema. Und zehn Jahre später fragt man kritisch »Rot = Braun? – Nationalsozialismus und Stalinismus bei Brecht und Zeitgenossen«. Ein Jahr darauf entspannt sich die Lage wieder, Brecht selbst scheint das Thema formuliert zu haben: »jungle b. – 14 arten mit brecht umzugehen«.

Eine 15. Art, mit ihm umzugehen, findet man im Kellerrestaurant. Es existiert ebenfalls seit 1978 im Brecht-Haus. Hier wird nach Rezepten von Helene Weigel gekocht, der aus Wien stammenden Schauspielerin, mit der Brecht von 1929 bis zu seinem Tod in zweiter Ehe verheiratet war. Aus ihrem handgeschriebenen Kochbuch stammen die »hend'lsuppe«, »helis krautspätzle« mit »speckgrammeln« und vieles mehr. Zwar kann man auch in Weigels Wohnung im Erdgeschoss des Hinterhauses, die sie von 1957 bis zu ihrem Tod 1971 bewohnte, eine gut ausgestattete Küche bestaunen. Aber daraus zu schließen, sie sei vor allem am Herd gestanden, wäre falsch. Auch wenn ihr wohl größter Bühnenerfolg tatsächlich viel mit dem Essen zu tun hat:

Die von ihr verkörperte Anna Fierling, die »Mutter Courage«, die ihren Wagen durch den Dreißigjährigen Krieg zieht und von ihm lebt, wäre ja beinahe in den Frieden gegangen und hätte mit einem Koch ein »Wirtshaus« eröffnet, wenn dieser von der Courage nicht verlangt hätte, ihre stumme Tochter Kattrin (deren Tod sie später betrauern muss) im Krieg zurückzulassen.

Am 11. Januar 1949 tritt Helene Weigel im »Berliner Ensemble« zum ersten Mal als Anna Fierling auf. *Mutter Courage und ihre Kinder* ist im schwedischen Exil entstanden, unter der Mitarbeit von Margarete Steffin. Sie inspiriert Brecht auch zu einer deftigen, teils pornografischen Lyrik, die erst lange nach seinem Tod veröffentlicht wird. Man hat ihm oft vorgeworfen, er habe Frauen wie

Rechts: »Der Schlaf der Vernunft gebiert Ungeheuer« heißt es (mit Goya). Aber nicht, wenn man, wie Brecht, vor dem Einschlafen eine seriöse Zeitung liest.

Daneben: Helene Weigel in der Rolle der Anna Fierling, der »Mutter Courage«.

Rechte Seite: Im Garten des Brecht-Weigel-Hauses in Buckow am Schermützelsee

Steffin ausgenutzt, Frauen, die es neben Helene Weigel in seinem Leben immer gab. Eine Bresche für Brecht schlägt dagegen die Literaturwissenschaftlerin Sabine Kebir, die ihn eher als »Verbündete[n] der Frauen« denn als »Macho« sieht – erkennbar gerade auch in seiner Liebeslyrik. Wie dem auch sei, es gibt kaum eine Liebesbeziehung, die sich nicht auch zu einer Arbeitsbeziehung auswächst: Neben der Steffin ist Elisabeth Hauptmann zu nennen, sie wird seine wichtigste Mitarbeiterin, übersetzt, inszeniert, schreibt mit. Und die Dänin Ruth Berlau, die maßgeblich beteiligt ist an Stücken wie *Der gute Mensch von Sezuan* oder *Der kaukasische Kreidekreis*.

Sie alle formen so etwas wie ein Kollektiv – freilich unter Helene Weigels matriarchaler Obhut. 1949 wird sie zur Intendantin des »Berliner Ensembles« gekürt. Käthe Rülicke, eine ihrer damaligen Mitarbeiterinnen, erinnert sich an ihre fürsorgliche Chefin:

»Sie richtete bekanntlich gerne Wohnungen ein, nicht nur für ihre Familie, sondern auch für die Mitarbeiter. Sie besorgte nicht nur den neu engagierten Ensemblemitgliedern Wohnungen, sondern kaufte überall in der DDR in den Antiquitätenhandlungen Möbel dafür.«

Im Schlafzimmer von Helene Weigel an der Chausseestraße stehen Fotos der Kinder Stefan und Barbara neben dem Bett. Auf einer Kommode stapeln sich Mappen mit Theaterstücken. In Griffnähe ist ein Telefon. In Sichtweite ein Fernseher. Er stammt von 1963, ist das Einzige, was an die DDR-Moderne erinnert. – So hat sie ihr Zimmer verlassen. Im Schlafzimmer von Bert Brecht liegt dagegen eine Ausgabe des *Herald Tribune* vom 11./12. August 1956 neben dem Bett. Auf einer Kommode reihen sich ein paar Bücher, darunter der *Dreigroschenroman*. An der Türe hängen Stock und Hut. – So hat er sein Zimmer verlassen.

Gemeinsam sind sie keine fünfzig Meter entfernt begraben, auf dem Friedhof der Dorotheenstädtischen Gemeinde. Das Grab der beiden ähnele einem Ehebett, schrieb Michael Rutschky treffend. In ihrer Nähe liegen die Philosophen Hegel und Fichte sowie der Schriftsteller Heinrich Mann, auch Paul Dessau, Hanns Eisler, Ruth Berlau, Elisabeth Hauptmann, Herbert Marcuse und last but not least Heiner Müller ruhen im Umkreis der beiden.

Klaus Kinski hielt nichts von Helene Weigel. Ende der fünfziger Jahre lebte der streitsüchtige Schauspieler in Berlin, in einer Sechs-Zimmer-Wohnung an der Uhlandstraße. Dort probte er Balladen und Songs von Brecht für einen Auftritt in der Wiener Stadthalle. Weigel bat er um jene Texte und Noten des Verstorbenen, die offiziell nicht aufzutreiben waren. Diese wollte ihm gleich das »Brecht-Programm« selbst zusammenstellen, was Kinski empört ablehnte. Die ersehnten Noten spielte ihm dann Ernst Busch zu. »Die Weigel ist neidisch und mißgünstig und steckt ihre Nase in alles, was sie einen Dreck angeht«, schrieb Kinski wütend in seinen Memoiren. Zornig machte ihn außerdem, dass sie die Veröffentlichung einer Schallplatte seines Wiener Auftritts verhindert hatte. Sie ihrerseits war darüber entsetzt gewesen, dass Kinski einzelne Balladen in seinen Rezitationen grob umgeändert hatte.

Der Brecht-Tag

Fast schon eine Pflicht ist es, den Tag mit einer kleinen Führung durch das Haus in der Chausseestraße 125 zu beginnen. Solche Führungen finden mehrmals täglich statt (außer montags). Danach sollte man sich wie weiland Brecht vergnügen. Eine Liste mit seinen liebsten »Vergnügungen« hat der Schriftsteller zwei Jahre vor seinem Tod selbst zusammengestellt. Wenn Sie nach Buckow in der Märkischen Schweiz fahren, um diese Liste dort abzuarbeiten, wo sie vermutlich entstanden ist, sollten Sie in einem Hotel mit Seeblick übernachten, um anderntags gleich mit der ersten »Vergnügung« beginnen zu können:

> *Der erste Blick aus dem Fenster am Morgen*
> *Das wiedergefundene alte Buch*
> *Begeisterte Gesichter*
> *Schnee, der Wechsel der Jahreszeiten*
> *Die Zeitung*
> *Der Hund*
> *Die Dialektik*
> *Duschen, Schwimmen*
> *Alte Musik*
> *Bequeme Schuhe*
> *Begreifen*
> *Neue Musik*
> *Schreiben, Pflanzen*
> *Reisen*
> *Singen*
> *Freundlich sein.*

Blick vom Schermützelsee auf das Brecht-Weigel-Haus. Hier verfasste Brecht seine berühmten Elegien, die aufgrund der Arbeiterunruhen vom 17. Juni 1953 nicht so ganz elegisch sein konnten.

Atlantis Friedenau:
Günter Grass,
Max Frisch,
Ingeborg Bachmann,
Uwe Johnson

Günter Grass (geb. 1927) lebte von 1963 bis 1996 in Friedenau. Wichtige Werke mit Berlin-Bezug sind das *Tagebuch einer Schnecke* (1972) und der Roman *Ein weites Feld* (1996).

Max Frisch (1911–1991) besaß in den siebziger Jahren zusammen mit seiner Frau Marianne eine Wohnung in Friedenau. Ein Zeugnis aus jener Zeit ist die Erzählung *Montauk* (1975).

Ingeborg Bachmann (1926–1973) weilte als Stipendiatin von 1963 bis 1965 in Berlin. Hier entstand ihre Büchner-Preis-Rede *Ein Ort für Zufälle* (1964).

Uwe Johnson (1934–1986) flüchtete 1959 aus der DDR nach Westberlin, wo er mit Unterbrechungen bis 1973 lebte. In Berlin schrieb er unter anderem *Das dritte Buch über Achim* (1961). Eine Sammlung von Aufsätzen enthält *Berliner Sachen* von 1975.

Blick von der Friedenauer Brücke auf den S-Bahnhof Friedenau

Vorherige Doppelseite:

Sintflutbrunnen von Paul Aichele am Perelsplatz in Friedenau

Es macht Freude, durch Friedenau zu schlendern: prächtige Villen und Backsteinhäuschen, Bauten aus der Gründerzeit, viel Grün, wenig Verkehr. »Friedenau ist nach der Statistik der gesundeste Ort Deutschlands«, warb ein Prospekt schon vor hundert Jahren für den Stadtteil, der heute im Bezirk Schöneberg liegt. Und 1968 schwärmte eine Berliner Illustrierte, dass man bei Friedenau ruhig an Schwabing und St. Germain denken dürfe, sofern man sich die Boulevards wegdenke. Eine Nachbarschaft von Künstlern war dem Zugezogenen jedenfalls garantiert – und »niedrige Grundstückpreise«, wie sich Günter Grass später erinnerte. Grass, Jahrgang 1927, lebte hier von 1963 bis Anfang 1996. Als am 1. September dieses Jahres auch der Schriftsteller Hans-Ulrich Treichel aus Friedenau wegzog, schrieb die *tageszeitung (taz)*, nun habe der »letzte Dichter Friedenau verlassen«. Das mochte übertrieben sein. Tatsächlich war der Ort damit aber endgültig historisch geworden, als Kristallisationspunkt bundesrepublikanischen Geistes und Westberlins.

1984, als es noch viele von Hand fotokopierte Literaturzeitschriften gab, verkündete die kleine *Schöneberger Literaturrundschau* stolz, es würden »jetzt schon 37 Autoren« bei ihr mitmachen, die Adressen seien über die Redaktion zu erfahren. Nebst vielen unbekannten Namen stand auch der berühmte Autor der *Blechtrommel* auf ihrer Liste. »Bitte sehen Sie aber von Nachfragen nach der Adresse von Günter Grass ab. Sie ist unser bestgehütetes Geheimnis.« Das konnte nicht ganz ernst gemeint sein. Denn jeder an Literatur und Politik Interessierte kannte sie, die Niedstraße 13.

Grass bewohnte mit seiner ersten Frau Anna und den vier Kindern einen Ziegelbau von 1882 samt Werkstatt und Terrasse. Der Bau stammt aus einer Zeit, als Friedenau noch eine Landgemeinde war und Ateliers für die kaiserlichen Hofkünstler gebaut wurden; in der Niedstraße 13 werkelte der heute vergessene Marinemaler Hans Bohrdt. Das verwinkelte und verwachsene Anwesen passte gut zu Grass, der ja nicht nur als Schriftsteller tätig war, sondern auch als Bildhauer und Grafiker. Hier schreibt er Anfang der siebziger Jahre *Aus dem Tagebuch einer Schnecke*. Das Buch erzählt seinen Kindern vom Schicksal der jüdischen Bürger seiner Heimatstadt Danzig und von seinem Engagement für Willy Brandt und die SPD. Seine Kinder kannten natürlich den »langen Tisch« mit den überquellenden Aschenbechern, an dem die »Sozialdemokratische Wählerinitiative« geboren wurde, in vielen Arbeitssitzungen mit Grass, Günter Gaus, Arnulf Baring und anderen aufstrebenden Persönlichkeiten des politisch-geistigen Lebens.

Und sie erlebten ihren Vater als erschöpften Heimkehrer, nachdem er einen westdeutschen Wahlkreis nach dem anderen im VW-Bus aufgesucht hatte, um die Menschen für »den Willy« zu

Nach der Wende verschwanden im Ostteil der Stadt viele Gedenktafeln, die an den antifaschistischen oder kommunistischen Kampf erinnert hatten. Es kam aber auch die eine oder andere Erinnerung neu dazu. So erzählt Holger Hübner in seinem Buch *Das Gedächtnis der Stadt,* wie im Herbst 1992 eine Tafel an einem Arzthaus in Mitte übermalt worden war. »In diesem Haus wohnte Karl Marx bis zu seinem 15. Lebensjahr«, stand nun da, in roter, verschmierter Schrift. Die Zeitung *Neue Zeit* – ein altes DDR-Blatt, das einen neuen Besitzer gefunden hatte – entdeckte die Änderung und kolportierte sie ihren Lesern. Sogar ein Foto wurde abgedruckt. Die Bildlegende lautete: »Die Erinnerungstafel für Karl Marx' Berliner Wohnung wurde notdürftig ersetzt.« Marx war allerdings in Trier aufgewachsen. Und auch in seiner Berliner Studentenzeit von 1836 bis 1841 hatte der angehende Philosoph nicht Am Kupfergraben gewohnt. Die *Neue Zeit* stellte zwei Jahre später ihr Erscheinen ein.

begeistern. 1969 nahm er an über 200 Wahlkampfveranstaltungen teil. 1972, vor der Wahl Brandts zum deutschen Bundeskanzler, waren es nochmals 130. Es war die Zeit, als Schriftsteller zu politischen Fragen Stellung bezogen, beziehen mussten. Der »Atomkraft? Nein danke«-Aufkleber, den Grass einst im ersten Stock an die Scheibe klebte, zeugt bis heute davon. Einige Autoren sträubten sich jedoch gegen eine solche Haltung, wie sie Grass im *Tagebuch einer Schnecke* festhält. Ein Abend im »Bundeseck« in der Bundesallee 75, der Stammkneipe der Friedenauer Szene, unweit von K. P. Herbachs »Buchhändlerkeller« in der Görresstraße 8, wo die Literaten aus ihren Manuskripten lasen: Grass stand am Tresen und spielte mit den Bierdeckeln, da näherten sich ein paar junge Schriftsteller,

»vorsichtig, wie auf Abruf. Sie redeten gütig. (Das sei ja sicherlich wichtig, mein Engagement, aber ob nicht das Schreiben darunter leide.) […] Soeben noch besorgt um mich, wurden sie aggressiv, als ich meinen Alltag mit zwei Bierdeckeln demonstrierte: ›Der hier ist die politische Arbeit, mache ich als Sozialdemokrat und Bürger; der ist mein Manuskript, mein Beruf, mein Weißnichtwas.‹ Ich ließ zwischen den Bierdeckeln Distanz wachsen, näherte beide einander, stellte sie, sich stützend, gegeneinander«.

Aber nicht nur mit Bierdeckeln wurde Grundlegendes demonstriert, für den Raucher Grass – der die Zigaretten selbst drehte – gaben auch Tabakkrümel aller Art Anlass zu einer launigen Identitätssuche. »Wo bin ich jetzt? – Überall wo mein Tabak krümelt, krümelte oder zu krümeln vorhat.« Und Grass, der Genussmensch, kochte gerne. Legendär sind seine Fisch- und Hammelbratenessen in der Niedstraße. Marianne Frisch-Oellers, die bis heute in Friedenau lebt, kann sich noch gut daran erinnern, dass den Gästen leider nie etwas anderes übrig blieb, als die Speisen in den Himmel zu loben.

Die Berliner Studentenproteste verfolgte Grass mit Sympathie, war natürlich auch gegen den Vietnamkrieg. »Ich war aber nicht in der Lage, auf die Straße zu gehen und Ho-Ho-Ho-Chi-Min zu rufen«, sagte der spätere Nobelpreisträger in einem Interview. Verbürgt ist auch, dass Grass auf einer Demonstration des Sozialistischen Deutschen Studentenbundes zwar mitlief – allerdings auf dem Bürgersteig. Alles in allem stand die Niedstraße 13 für einen moderaten Sozialismus. Die benachbarte Nummer 14 kam dagegen wegen revolutionärer Umtriebe ins Gerede.

Als es den Schriftsteller Uwe Johnson im Frühjahr 1967 wieder einmal nach New York zog, vermietete er seine dortige Dachwohnung an Christian Enzensberger. Der Anglist und Schriftsteller funktionierte sie kurzerhand zu einer Unterkunft für junge Revolutionäre um. Sie wurde zum Vorläufer der legendären »Kommune 1« am Stuttgarter Platz. Hier wurden die Aktionen gegen den Besuch des amerikanischen Vizepräsidenten Hubert Humphrey geplant. Höhepunkt sollte sein, Humphrey mit klebriger Süßware zu bewerfen. Als vereiteltes »Puddingattentat« ging diese Aktion in die Geschichte der APO (»außerparlamentarische Opposition«) ein. Nicht ganz so glimpflich verlief ein Brand in der Dachwohnung.

Zu den brillantesten deutschen Intellektuellen der jüngsten Zeit zählt Christian Enzensbergers Bruder, Hans Magnus. In den sechziger und siebziger Jahren besaß auch er eine Wohnung in Friedenau, in der Fregestraße 19. Uwe Johnson hatte ihn, wie später auch Max Frisch, mit einem Foto des Hauses nach Friedenau gelockt. Der Herausgeber des *Kursbuchs* war ein wichtiger Stichwortgeber der Studentenbewegung, blieb aber ein unkonventioneller Kopf, dem ein überaus starkes ästhetisches Empfinden nachgesagt wurde. In diesem Sinn beschrieb die Illustrierte *Berliner Leben* 1968 sein Anwesen: »Enzensbergers Garten in der Fregestraße, vor rot-weißer Backsteinvilla im Stil der Neurenaissance, wirkt snobistisch gepflegt. Mit immergrünen Bäumen und geometrischem Blumenbeet. Er selbst ist kaum jemals in Berlin« … sondern 1969 zum Beispiel auf Kuba, wo er von der Revolution enttäuscht wurde, wie man ebenfalls dem *Tagebuch einer Schnecke* entnehmen kann. »Und was nun? Schreibt er wieder Gedichte?«, fragte sich der Freundeskreis von Grass, der auf der Terrasse seines Hauses zusammenkam.

Oben: Max Frisch zum Beispiel wohnte gleich um die Ecke. So sieht »Wolff's Bücherei« von außen aus.

Ja, Enzensberger schrieb tatsächlich Gedichte, 1975 erschien der Band *Mausoleum. Siebenunddreißig Balladen aus der Geschichte des Fortschritts*. Die letzte Ballade galt Che Guevara:

Es ist nicht lange her, und vergessen. Nur die Historiker
nisten sich ein wie die Motten ins Tuch seiner Uniform

Löcher im Volkskrieg. Sonst in der Metropole spricht von ihm
nur noch eine Boutique, die seinen Namen gestohlen hat.

Enzensberger kennt die Metropolen. Auch in Rom war er beheimatet, nachzulesen in *Montauk*, dem vielleicht besten Buch von Max Frisch. Darin hat er die schwierige Liaison mit Ingeborg Bachmann verarbeitet: Einmal besuchte die berühmte Dichterin Frisch in seiner Geburtsstadt Zürich – und alles ging schief. »Zum Glück ist jemand auf Durchreise hier, der sie nach Rom begleiten kann. Nicht irgend jemand: Hans Magnus. Ich habe sie weggeschickt, Sommer 1959, und kurz darauf werde ich gesund.«

147

Rechte Seite: »Wolff's Bücherei« von innen. In der Mitte des vorderen Büchertisches steht ein Werk von Durs Grünbein, dem in Berlin lebenden Lyriker. Rechts erkennt man Döblin, den so leicht nichts mehr umhauen kann.

Montauk wurde 15 Jahre später in Friedenau geschrieben. Die autobiografische Erzählung schildert ein Wochenende auf Long Island, New York, mit einer jungen Amerikanerin namens Lynn. Immer wieder schweift Frisch ab, um zweifelnd oder liebend, stets aber Pfeife rauchend, sein vergangenes oder gerade anderswo stattfindendes Leben zu vergegenwärtigen:

> »Eigenschaftswörter taugen nicht, um jemand zu lobpreisen. Das ergäbe bloß einen Steckbrief auf eine attraktive Frau, zurzeit 35, zurzeit in Berlin, wo es fünf Uhr morgens ist, als Lynn sagt: YOU LOVE HER.«

Gemeint war seine Frau, die Übersetzerin Marianne Frisch-Oellers. Mit der Schweizerin war Frisch Anfang der siebziger Jahre in die Sarrazinstraße 8 gezogen. Möglichst leer sollte die Wohnung bleiben, aber: »Man braucht doch mehr als vermutet: Lamellen-Vorhang wegen Morgensonne auf dem Arbeitstisch. Ich schraube fünf Garderobenhaken an.« Friedenau lag damals in der Flugschneise des Flughafens Tempelhof. Bald lernte er, die ankommenden von den abfliegenden Flugzeugen zu unterscheiden. Zu den schönen Geräuschen gehörten dagegen Mariannes Schritte auf dem Parkett, im Berliner Zimmer. Und zu den bevorzugten Blicken aus dem Fenster zählte derjenige auf seinen Jaguar 420. – Heute steht kein Jaguar mehr in Friedenau und keine Morgensonne fällt mehr ins Arbeitszimmer, seit gegenüber auf der früheren Brache eine Häuserzeile hochgezogen wurde. Aber Marianne Frisch-Oellers Schritte hallen immer noch übers Parkett, und Frischs Schreibmaschine steht auch noch da, hinter den Lamellen.

Auf ihr schrieb er sein *Berliner Journal*, das erst 2011 aus dem Nachlass publiziert werden darf. Der notorische Kritiker der Schweiz beschäftigte sich auch in Berlin mit seinem Land. Erinnerungen an seine Zeit bei der Armee wurden niedergeschrieben, ferner eine »Rede über die Heimat, ein Offener Brief an den Bundesrat wegen der Flüchtlinge aus Chile«.

Im Frühjahr 1963, kurz nach der Trennung von Frisch, war Ingeborg Bachmann nach Berlin gezogen. Als Stipendiatin der Ford-Foundation – zeitgleich mit dem polnischen Schriftsteller Witold Gombrowicz – hatte sie ein Zimmer in der Akademie der Künste, später wohnte sie in der Königsallee 35 in Grunewald, war aber oft zu Gast in Friedenau. Am 10. Juli begleitete sie Günter Grass ins Berliner Landgericht, Tegeler Weg 17–20, um eine Klage gegen Josef-Hermann Dufhues einzureichen. Der Generalsekretär der CDU hatte die »Gruppe 47«, der die beiden angehörten, mit einer Naziorganisation verglichen und als »geheime Reichsschrifttumskammer« bezeichnet.

Die Gedenktafel, die an Karl Schmidt-Rottluff und Uwe Johnson erinnert (siehe unser Bild auf Seite 151), wurde im Herbst 2002 im Beisein von Günter Grass eingeweiht. Sie ersetzte ein 1994 an einer Laterne vor dem Haus angebrachtes Schild. Es hing dort, weil sich die damaligen Hausbesitzer gegen eine Gedenktafel ausgesprochen hatten. Sein Vorteil war, dass es auf zwei Seiten beschriftet werden konnte. Auf der Vorderseite wurden die Passanten informiert, dass im Haus mit der Nummer 14 ein Schriftsteller gearbeitet habe, der »die Lebensverhältnisse in der DDR und die Folgen der deutschen Teilung« geschildert habe. Auf der Rückseite wurde diese Auskunft mit einem Auszug aus dem Aufsatz über die Berliner S-Bahn belegt.

Bachmann hatte in Berlin keine leichte Zeit, wie man ihrer Büchner-Preis-Rede entnehmen kann, die sie 1964 unter dem Titel *Ein Ort für Zufälle* publizierte. Zufälle meint im älteren Sprachgebrauch auch Anfälle. Bachmanns Berlin war »ent-stellt«, ein apokalyptisches Fresko: »Die Gedächtniskirche fährt zum Himmel.« Die Stadt als »Symptomkörper der deutschen Geschichte« (Sigrid Weigel) und die eigenen Verwundungen gingen ineinander über. Ende 1965 verließ Ingeborg Bachmann Berlin.

In der Büchner-Preis-Rede hatte sie sich auf den Essay »Boykott der Berliner Stadtbahn« von Uwe Johnson bezogen. Auch Johnson verwandte darin das Bild des ›Stadtkörpers‹, schrieb von Amputation und Kreislaufstörung. Seit 1945 war nämlich die Berliner S-Bahn der Reichsbahndirektion in Ostberlin unterstellt. Daran sollte sich auch nichts ändern, als im August 1961 die Mauer gebaut wurde. Der S-Bahn-Ring blieb für vierzig Jahre zerschnitten, im Westen zahlte man weiter »nach drüben«, wie es hieß. Solange der Kalte Krieg herrschte und die Stadt geteilt war, nahmen die Westberliner die S-Bahn nur, wenn es nicht anders ging.

In einer Impression vom an der Grenze von Friedenau gelegenen Innsbrucker Platz verdeutlichte Johnson die Folgen: Drei Reihen Autos vor der Ampel, »dicke Klumpen« an der Bushaltestelle, unablässig hin und her schwenkende Glastüren zum Untergrundbahnbahnhof, vollbesetzte Flugzeuge

Oben: Jetzt ist es wieder eine Stadt. Aber manches darin sieht man immer noch doppelt. Anderes dagegen nur zur Hälfte: Karl Schmidt-Rottluff, der auf dieser Gedenktafel an der Niedstraße 14 ebenfalls gewürdigt wird, fehlt auf unserem Bild.

Oben rechts: Pfeifenraucher haben einfach mehr von der Welt: so dachte in Friedenau nicht nur Uwe Johnson.

Links: Sarrazinstraße 8, hier wohnte Max Frisch.

am Himmel, zur Landung ansetzend: »Im Hintergrund der Szene läuft leise rasselnd die Stadtbahn aus der Halle über die Brücke. Die Fenster zerhacken das Gegenlicht. Die Stadtbahn ist leer.«

Uwe Johnson kritisierte die Scheinheiligkeit der Westberliner Politik, keineswegs wollte er die DDR verteidigen. Geboren in Pommern, aufgewachsen in Mecklenburg, war er 1959 nach Westberlin übergesiedelt, kurz nachdem sein Roman *Mutmaßungen über Jakob* nur in der BRD erscheinen konnte. Die deutsche Teilung blieb das zentrale Motiv seines Schaffens. Seit September wohnte er in der besagten Niedstraße 14, später auch in der Stierstraße 3, wo er aktiv daran arbeitete, andere Schriftsteller nach Friedenau zu locken. 1972 wurde er zum Vizepräsidenten der Akademie der Künste gewählt, zwei Jahre später zog er mit der Familie nach England. Schon von 1966 bis 1968 hatte der Autor der *Jahrestage* in New York gelebt, wo er als Schulbuchlektor arbeitete. Aus dieser Zeit stammt das Gedicht »How to Explain Berlin to a Newcoming Child«. Daraus zwei Zeilen:

What business do we have in Berlin?
Memories.

Rechts: Schaut her, hier wird protestiert: »Atomkraft? Nein Danke«-Aufkleber an einem Fenster im ersten Stock in der Niedstraße 13; hier wohnte Günter Grass.

Daneben: Worauf verweisen extreme Unterlängen in einer Unterschrift gleich noch? Eintrag von Günter Grass in das Gästebuch von »Wolff's Bücherei«.

Rechte Seite: Zwei Klingeln hört man einfach besser.

Folgende Doppelseite:

Links: Fregestraße 19, ehemaliger Wohnsitz von Hans Magnus Enzensberger. »Er selbst ist kaum jemals in Berlin – doch er hat einen Hausmeister, wie man hört«, schrieb die *Berliner Leben* 1968 über den Schriftsteller.

Rechts: Wer damals Berlin-Tempelhof anflog, konnte den Friedenauer Dichtern in die gute Stube schauen.

Der Friedenau-Tag

Überprüfen Sie in einem der Stadtmagazine, ob Gudrun Blankenburg ihre Spaziergänge durch Schöneberg anbietet. Wenn ja: Nehmen Sie daran teil; Treffpunkt ist die Litfasssäule am Breslauer Platz. Wenn nicht, marschieren Sie auf eigene Faust los. Am Haus neben dem ehemaligen Domizil von Günter Grass, in der Niedstraße 13, werden Sie eine neue Doppelgedenktafel finden. Für Uwe Johnson und Karl Schmidt-Rottluff (1884–1976). Von 1911 bis 1931 arbeitete hier der expressionistische Maler und Mitbegründer der Künstlergruppe »Brücke«. Entdecken Sie das Friedenau jener Tage; Kurt Tucholsky, Rosa Luxemburg und viele andere lebten in der Nachbarschaft. In der Niedstraße 5 besaß Erich Kästner eine Zweitwohnung. 1928 wurde sie zum Büro seiner ›guten Seele‹ und Sekretärin Elfriede Mechning umfunktioniert. Im selben Jahr gründete Harry Frommermann in der Stubenrauchstraße 47 die »Comedian Harmonists«. Bei entsprechender Jahreszeit kann man auf dem Weg dorthin ihren Gassenhauer »Veronika, der Lenz ist da« summen. Nur einen Katzensprung ist es dann zu »Wolff's Bücherei«. Ihr Gründer Andreas Wolff stammte aus einer St. Petersburger Buchhändlerdynastie, er hat auch die »Friedenauer Presse« ins Leben gerufen. Kaufen Sie sich ein Buch aus diesem kleinen, aber feinen Verlag und dazu am besten gleich noch den Roman Herrn Brechers Fiasko (1932) von Martin Kessel (1901–1990). Setzen Sie sich ins »Glühwurm« am Renée-Sintenis-Platz, wo alles noch wie zu Uwe Johnsons Zeiten ist, den man hier oft über den Platz zur Post eilen sah. Lesen Sie in Herrn Brechers Fiasko, wie Berlin am Ende der Weimarer Republik aus der Perspektive der Angestellten aussah. Nicht nur die Bürokraft Gudula Öften wohnte »in der Odenwaldstraße in Friedenau«. Auch der Autor Martin Kessel lebte dort von den zwanziger Jahren bis zum Fall der Mauer.

152

Im Mauerschatten:
Christa Wolf

Christa Wolf wurde 1929 als Christa Ihlenfeld in Landsberg an der Warthe geboren. Seit den sechziger Jahren lebt sie – mit Unterbrechungen – im Großraum Berlin. Von ihren zahlreichen Werken wollen wir hier nur den frühen Roman *Der geteilte Himmel* (1963) nennen, dem vierzig Jahre später der rückblickende Band *Ein Tag im Jahr* folgen sollte.

W ürden die Deutschen nach ihrer bedeutendsten Intellektuellen gefragt, wäre die häufigste Antwort vermutlich Christa Wolf. Schon früh kam sie zu literarischem Ruhm. Kaum ein anderes Buch hat die Leser in der DDR so aufgewühlt wie *Der geteilte Himmel*. Als der Roman im Mai 1963 erscheint, ist er sofort vergriffen, bald wird eine für die junge DDR sensationelle Auflage von 160 000 Exemplaren erreicht. Über 700 Einladungen zu öffentlichen Diskussionen erhält Christa Wolf in den nächsten zwölf Monaten. Gesprächsbedarf besteht über ein Buch, das den damaligen Lesern als ermutigende Auseinandersetzung mit dem größten Problem des Landes gilt: Die Leute laufen davon.

Hauptfigur der Erzählung ist die angehende Lehrerin und Betriebspraktikantin Rita Seidel, eine kluge, sensible Frau. Ihr Freund Manfred Herrfurth, ein junger, von der DDR zunehmend enttäuschter Naturwissenschaftler, nutzt eine Geschäftsreise nach Berlin, um sich in den Westen abzusetzen. *Der geteilte Himmel* erzählt von einer schwierigen Liebe zu einem Menschen und einem schwierigen Bekenntnis zu einer Weltanschauung. Und wie eines von beiden auf der Strecke bleibt, in Zeiten des Mauerbaus. Am 13. August 1961 wird die Mauer errichtet. Das Ereignis wird im Buch nicht benannt, bleibt aber im Titel gleichsam eingeschlossen. Wenige Tage vorher fährt Rita zu Manfred, der in Westberlin untergekommen ist. Ihre Entscheidung, in der DDR zu bleiben und am Aufbau des Sozialismus trotz allem weiterzuarbeiten, hat sie schon gefällt, als sie im Bahnhof Friedrichstraße am Fahrkartenschalter steht:

»›Zwanzig‹, sagte die Frau hinter der Glasscheibe. ›Und wenn man – zurückkommen will?‹, fragte Rita zaghaft. ›Also vierzig‹, sagte die Frau, nahm die Karte zurück und schob eine andere durch das Fensterchen. Darin also unterschied diese Stadt sich von allen anderen Städten der Welt: Für vierzig Pfennig hielt sie zwei verschiedene Leben in der Hand.«

Manfred wohnt in der Nähe des Kurfürstendamms, der Rita weniger glänzend scheint, als es die »Sage« behauptet. Der Westen ist ihr zutiefst fremd. »Die Leuchtschriften, die nun hier und da aufsprangen, blieben geheime Chiffren, unentzifferbar.«

Und der Osten? Dort gibt es kaum Leuchtschriften. Die Städte sind grau, voller Ruß, wie es an einer Stelle heißt, für moderne Urbanität bleibt im Sozialismus kaum Platz. Aufgehoben fühlt sich Rita im Dorf, in dem sie aufgewachsen ist, und im Waggonwerk. Als Christa Wolf 1960 am *Geteilten*

Himmel schreibt – sie lebt in Halle –, macht sie tatsächlich ein Werkpraktikum in einem volkseigenen Betrieb, im »VEB Waggonbau Ammendorf«. Sie folgt darin einer Parole, die auf dem legendären Schriftstellerkongress in Bitterfeld beschlossen wurde: »Schriftsteller, in die Betriebe!« Schon bald löst sie sich jedoch von der Arbeiterliteratur und dem so genannten sozialistischen Realismus.

Seit 1951 ist Christa Wolf mit dem Publizisten und Verleger Gerhard Wolf verheiratet, der ein wichtiger Wegbereiter der ostdeutschen Nachkriegslyrik war. Berühmt ist seine *Beschreibung eines Zimmers* in der Ahornallee 26 in Friedrichshagen. Dort lebte bis zu seinem viel zu frühen Tod der Dichter Johannes Bobrowski (1917–1965).

1963 ziehen die Wolfs nach Kleinmachnow. Der kleine Ort zwischen Berlin und Potsdam liegt in Sichtweite der Mauer (dahinter ist Zehlendorf), kann von Ostberlin aus jedoch nur umständlich erreicht werden. Der Schriftsteller Günter de Bruyn wird sich später erinnern, dass er vier verschiedene Verkehrsmittel nehmen musste, um zu den Wolfs zu gelangen. In seiner Abgeschiedenheit, im – wie man glaubt – schützenden Schatten der Mauer, steht ihr Wohn- und Arbeitsort sinnbildhaft für die DDR als Nischengesellschaft. Prägnant zeigt sich diese Eigenschaft in dem viel gelesenen Werk *Die neuen Leiden des jungen W.* (1976) von Ulrich Plenzdorf. Zu Hause fühlt sich dessen junger DDR-Rebell Edgar Wibeau in einer Gartenlaube im Bezirk Lichtenberg.

In solchen Nischen wird aber nicht automatisch vom Westen geträumt. In der Nachbarschaft von Christa Wolf wohnt zum Beispiel ein ehemaliger antifaschistischer Spanienkämpfer, Walter Janka. 1957 wurde er zu fünf Jahren Zuchthaus verurteilt, weil er sich als Leiter des Aufbau-Verlags an konterrevolutionären Aktionen beteiligt haben soll, seit seiner Freilassung arbeitet er als Dramaturg bei der DEFA, der staatlichen Filmgesellschaft. Unbeugsame Figuren wie Janka oder die von Christa Wolf verehrte Schriftstellerin Anna Seghers – weltberühmt geworden mit ihrem Roman *Das siebte Kreuz* (1942) – stehen in ihren Augen für einen anderen, den besseren Sozialismus. Für ihn lohnt es sich zu kämpfen, sprich: zu schreiben.

Die Literatur wird in der DDR von allen Seiten sehr ernst genommen: von den Mächtigen, von den Lesern und natürlich von den Schriftstellern selbst. Für Leichtes, zumal für Ironie, bleibt da kaum Platz. Auch bei Christa Wolf nicht, die zu einer Autorität wurde, deren Worte schwer wiegen. Ihre Integrität als Schriftstellerin ruft wiederholt die Zensur auf den Plan, so bei *Nachdenken über Christa T.* (1968), einem Roman, der allein durch sein Thema – die schwere Krankheit – den auf Fortschritt und Optimismus eingeschworenen DDR-Ideologen missfallen musste und erst nach etlichen Auseinandersetzungen erscheinen kann. Einerseits. Andererseits repräsentiert Christa Wolf aber auch den Staat, in dem sie lebt, etwa wenn sie 1965 für die DDR am PEN-Kongress in Jugoslawien teilnimmt.

Seit 1974 ist sie zudem Mitglied in der Akademie der Künste der DDR am Robert-Koch-Platz 7, in der es relativ liberal zugeht. Zwei Jahre später ziehen die Wolfs von Kleinmachnow nach Berlin, mitten ins Zentrum, in einen Altbau in der Friedrichstraße 133. Gleichwohl bleiben sie randständig; keine 200 Meter südlich liegt der S-Bahnhof mit Grenzübergang. Und nur wenige Schritte nördlich, in der Chausseestraße 131, wohnt der Liedermacher Wolf Biermann, der seine Stimme immer lauter gegen den Staat erhebt. Am 13. November 1976 wird Biermann, der sich immer noch als Kommunist versteht, in den Westen ausgebürgert. Vier Tage später unterschreiben ein gutes Dutzend Schriftsteller und Künstler eine Protestnote, die Stephan Hermlin in die französische Botschaft, Unter den Linden 40, trägt, wo sie an die Nachrichtenagentur AFP weitergeleitet wird. Die Erstunterzeichner sind: Erich Arendt, Volker Braun, Jurek Becker, Fritz Cremer, Franz Fühmann, Stephan Hermlin, Stefan Heym, Sarah Kirsch, Günter Kunert, Heiner Müller, Rolf Schneider sowie Christa und Gerhard Wolf. Über hundert weitere Unterzeichner der Resolution folgen. In den sich anschließenden Monaten werden von den staatlichen Organen Maßnahmen ergriffen. Christa Wolf kommt mit einer »strengen Rüge« davon. Ihr Mann wird aus der Partei ausgeschlossen. »Bleiben oder gehen?« lautet von da an die ständige Frage der Künstler und Intellektuellen in der DDR.

Auch in der Literaturszene der DDR wurden Kontakte zu ausländischen Autoren gepflegt. So las Allen Ginsberg am 11. Februar 1983 in Prenzlauer Berg. Um 15:30 Uhr hatte Richard Pietraß in seinem Briefkasten einen Zettel gefunden, der den Besuch des berühmten amerikanischen Untergrunddichters in der Wohnung der Töpferin Elfriede Maas ankündigte – für 13 Uhr. Pietraß kam aber noch rechtzeitig dort an, um ihm ein Exemplar seines *Poesiealbums* Heft 127 zu überreichen. Es enthielt eine Auswahl von Ginsberg-Gedichten in deutscher Übertragung, die dem Beschenkten bis dato unbekannt war. »Das war eine schöne Begegnung, weil mich seine Kameradschaft, seine Bescheidenheit, seine Fröhlichkeit und auch der Respekt vor einem, der etwas für ihn getan hatte, beeindruckten«, erinnert sich der Lyriker und Lektor Pietraß, nachzulesen in dem Buch *Durchgangszimmer Prenzlauer Berg*, das die Geschichte dieses sagenumwobenen Ortes »in Selbstauskünften« erzählt.

Blick aus dem »Kino International«. An ihrer Kinokultur dürfte die DDR nicht gescheitert sein. So wurde *Der geteilte Himmel* gleich nach Veröffentlichung des Buches durch Konrad Wolf verfilmt.

Die Schriftsteller, die sich in der DDR dem Untergrund zugehörig fühlten, lebten meist im Bezirk Prenzlauer Berg. Hier entstanden Bücher mit seltsamen Titeln wie die von Elke Erb herausgegebene Anthologie *Berührung ist nur eine Randerscheinung* oder der Gedichtband *Jeder Satellit hat einen Killersatelliten* von Sascha Anderson. Der Lyriker Anderson war der Star und Organisator der Szene. Nach der Wende stellte sich heraus, dass er ein Spitzel der Stasi gewesen war. »Sascha Arschloch« nannte ihn deshalb Wolf Biermann im Nachrichtenmagazin *Der Spiegel*.

Christa Wolf bleibt. Und wird von der Staatsicherheit, der Stasi, bespitzelt. In der Erzählung *Was bleibt* beschreibt sie einen Tag aus der Zeit ihrer Observation: Im Hof steht ein Auto der Marke Wartburg, darin sitzen drei Herren, so lange, bis sie abgelöst werden. Die Erzählerin entschließt sich zu einem Spaziergang durch die Stadt, schlägt die südliche Richtung ein. Zwar geht sie »immer wieder gerne« über die Weidendammbrücke. Aber es wird daraus kein Schlendern, in der Hauptstadt der DDR wird nicht flaniert. Sie fühlt sich fremd in ihrer Stadt, die »zu einem Nicht-Ort geworden« ist, wünscht sich eine »andere Sprache«, in der zu schreiben wäre. Gegen Abend wird sie kurzfristig zu einer Lesung in einen »Club der Volkssolidarität« eingeladen. Zu viele wollen sie hören, es kommt zu Unruhen, vermutlich von der Stasi inszeniert. Drinnen wird nach der Lesung intensiv und offen diskutiert. Vielleicht ist auch das von den Organen gewollt.

Was bleibt erscheint erst 1990 (verfasst wurde es bereits 1979). Ein Jahr zuvor konnte eine weitere, ebenfalls 1979 geschriebene autobiografische Erzählung von Christa Wolf publiziert werden. *Sommerstück* handelt von ihrem zeitweiligen Landleben in einem kleinen Ort in Mecklenburg, nahe Schwerin, einer weiteren Nische. Dort entdeckt Christa Wolf die deutschen Romantiker. Ein Essay über Bettine von Arnim entsteht:

> »Ausgerechnet in dem versteinertsten Jahrzehnt des vorigen Jahrhunderts beginnt Frau von Arnim aktiv zu werden, macht ihre Wohnung im Herzen der preußischen Hauptstadt, Unter den Linden 21, zum Zentrum für unabhängige Geister, schert sich den Teufel um Bespitzelung, Postzensur und Observation, empfängt Durchreisende und Verehrer [...]. Und schreibt.«

Das ist eine deutliche Botschaft. Mit einer solchen Frau oder einer Karoline von Günderrode kann man sich in der DDR identifizieren. »Ein Gespräch über die Günderrode wurde rasch zu einer Diskussion über uns selbst«, schreibt die Wochenzeitung *Sonntag* im Dezember 1979 über eine Lesung von Christa Wolf in der Berliner Stadtbibliothek, Breite Straße 32–34.

An den Romantikern fasziniert ihre verschworene und gefühlsbetonte Gemeinschaft, die sie gegen »die Gesellschaft« bildeten, die herausragende Stellung, die Frauen dort einnahmen, ihre Verbundenheit mit Landschaft und Natur. Schließlich auch ihr Scheitern und ihre Verzweiflung, wie Christa Wolf es in der Erzählung *Kein Ort. Nirgends* (1979) thematisiert, indem sie den unglücklichen Heinrich von Kleist mit der unglücklichen Günderrode zusammentreffen lässt.

Um die berühmte Schriftstellerin im Lande zu halten, darf Christa Wolf jederzeit zu Lesungen in den Westen fahren, 1983 hat sie sogar eine Gastprofessur an der Ohio State University inne. Zunehmend wird sie nun von der DDR losgelöst als eine Intellektuelle gesehen, die sich um das Geschlechterverhältnis, die Ökologie oder die atomaren Gefahren sorgt. Mit *Kassandra* (1983) greift sie einen Stoff auf, der historisch ist und zur Identifikation einlädt: Kassandra ist die Seherin, die den Untergang Trojas voraussieht und später von Klytämnestra ermordet wird. Von der alten Hellsehergabe will Christa Wolf zwar nur noch den »Glauben an die Kraft des Wortes« retten. Das reicht aber immer noch, um eine Aura zu verbreiten. »Eine Tendenz zur Gemeindebildung umgibt ihre Person wie ein heiliges Rauschen«, schreibt Jörg Magenau in seiner Biografie.

Seit Michael Gorbatschow das Schlagwort von »Glasnost« in die Welt gesetzt hat, ist in der DDR ein Aufbruch zu spüren, der auch Christa Wolf erfasst. 1989 wird ein extrem erfolgreiches Jahr für sie, ihre Bücher verkaufen sich enorm, der 60. Geburtstag wird am 18. März landauf landab gefeiert. Es gibt Ausreisewellen, dann die Montagsdemonstrationen in Leipzig. Es wird das letzte Jahr der DDR sein. Am 4. November steht Christa Wolf auf dem Alexanderplatz und hält eine Rede vor einem Heer von Demonstranten. Vor ihr haben Funktionäre wie Günter Schabowski und Markus Wolf gesprochen, sind ausgepfiffen worden. Christa Wolf appelliert an das Zusammengehörigkeitsgefühl der DDR-Bürger, nimmt Sprüche von den mitgeführten Transparenten auf – »Keine Gewalt« oder »Vorschlag für den 1. Mai: Die Führung zieht am Volk vorbei« – und endet mit der Parole des

Oben: Kleine Freiheiten im Obrigkeitsstaat

Rechts: Bevor hinter dieser Tür die »Gauck-behörde« (später »Birthlerbehörde«) die Stasi-Akten wälzte, beherbergte der wuchtige Bau in der Glinkastraße einen Teil des Innenministeriums der DDR. Und davor gehörte er der Deutschen Bank.

Folgende Doppelseite:

Links: »Schreib doch, was du willst. Wir behalten dich im Auge!« Überwachungs-kamera am Eingang zum zentralen Stasi-Gefängnis, heute Gedenkstätte Berlin-Hohenschönhausen.

Rechts: Der Engel der Geschichte, von hinten. Nein, die Skulptur der Siegesgöttin Nike. Sicher? Ja – das »ist jetzt einfach nicht der richtige Zeitpunkt, Ihre Irrtümer zu hätscheln«, wie Kora in *Leibhaftig* zur Erzählerin sagt, in der Nähe der Schloßbrücke, die von dieser Statue geziert wird.

Tages: »Wir sind das Volk!«. Dann bricht sie zusammen, hat eine Herzattacke erlitten. Zum Glück kann sie schon fünf Tage später wieder ins Kino gehen; am 9. November 1989 feiert *Coming Out* im »International« an der Karl-Marx-Allee 33 Premiere. Christa und Gerhard Wolf sehen den ersten Film über Homosexualität in der DDR. Und den letzten. Am selben Tag, fast zur selben Stunde, verliest das Politbüromitglied Günter Schabowski vor laufenden Kameras ungläubig einen Zettel, der unter Punkt 2 c »ständige Ausreisen« über »sämtliche Übergangsstellen der DDR zur BRD bez. zu Berlin (West)« erlaubt. Wenige Tage später werden die ersten Mauerstücke verkauft.

In diesem bewegten Winter 1989/90 sind die DDR-Schriftsteller noch einmal wer. Fast scheint es, als käme es zu einem Bündnis zwischen ihnen und den Massen, als würde gemeinsam ein »dritter Weg« eingeschlagen. Kurz vor Weihnachten 1989 lädt der französische Ministerpräsident eine Handvoll Intellektuelle, unter ihnen Christa Wolf, in die »Offenbachstuben« in Prenzlauer Berg, Stubbenkammerstraße 8, um zu erfahren, was es mit der Bürgerbewegung auf sich hat.

Danach geht es bergab. In den Feuilletons westlicher Tageszeitungen wird Christa Wolf eine zu große Nähe zu den Tyrannen vorgehalten, auch die Veröffentlichung der Bespitzelungserzählung *Was bleibt* gilt – zu diesem Zeitpunkt – nur noch als plumpe Rechtfertigungstat. Ein Literaturstreit entzündet sich, der viele in der Rolle des selbstherrlichen Richters hier und manche in der des larmoyanten Verfolgten dort zeigt. Als Christa Wolf im Mai 1992 ihre Opferakte bei der Gauck-Behörde in der Glinkastraße 35 einsehen kann, findet sie neben umfangreichem Material zu ihrer Überwachung auch Hinweise, dass sie beim Ministerium für Staatssicherheit, beim MfS, vor gut dreißig Jahren selbst eine Weile als Inoffizielle Mitarbeiterin (IM) geführt worden ist. Acht Monate schweigt sie, dann geht sie mir ihrer Einsicht an die Öffentlichkeit. Von *Bild*-Zeitung bis *Spiegel* sind die Reaktionen heftig.

Danach wird es rasch wieder still um Christa Wolf. Seit ein paar Jahren lebt sie im Bezirk Pankow. Im rasenden Wandel des wiedervereinigten Deutschland schafft man sich dort neue Nischen, findet sich zu halböffentlichen Treffen in der Pankower Literaturwerkstatt am Majakowskiring 46/48 ein (heute ist die Literaturwerkstatt in der Kulturbrauerei in Prenzlauer Berg zu Hause), will das gebildete Gespräch zwischen aufgeklärten Bürgern weiterpflegen: was vom Sozialismus bleibt.

Ganz links: Bernauer Straße. Die Mauer teilte die Straßen und die Seelen, aber den Himmel, den teilte sie nur in der Erzählung von Christa Wolf.

Links: An diesem Modell der Grenze lernte ein bei Staaken stationiertes Bataillon. Heute steht es im »Mauermuseum – Haus am Checkpoint Charlie«.

Vorsichtig nähert sich Christa Wolf dem Westen, aber auf ihren Fahrten durch Westberlin verirrt sie sich ständig – eine Erfahrung, die viele Ostberliner machen. Ob da ein »unbewusster Widerstand im Spiel sei«, fragt sie hellsichtig.

Medea. Stimmen erscheint, ein erfolgreicher Roman, dessen ideologische Tendenz ebenso heftig kritisiert wird, wie man die Schönheit seiner Sprache lobt. Ostberliner Weggefährten sterben: Heiner Müller, Stephan Hermlin, Jurek Becker. Günter Grass erhält dagegen auf seine alten Tage den Nobelpreis. Angeblich hätte er ihn gerne mit seiner Freundin Christa Wolf geteilt, wäre es möglich gewesen. Immerhin wird sie selbst in ihrem siebzigsten Lebensjahr mit dem Nelly-Sachs-Preis ausgezeichnet, und im März 2002 erhält sie für ihr Lebenswerk auf der Leipziger Buchmesse den erstmals vergebenen Deutschen Bücherpreis.

Kurz davor ist die Erzählung *Leibhaftig* erschienen, die noch einmal in die letzten Jahre der DDR zurückführt. Nicht zum ersten Mal liegt darin eine Ich-Erzählerin schwer erkrankt in einem Hospital, das Immunsystem ist zusammengebrochen, der Körper vergiftet, die Parallele zum Gesellschaftskörper scheint gewollt. Während ihrer Narkosen enteilt sie, begleitet von der Anästhesistin Kora Bachmann, in den »Hades«. Der Weg führt am »blassgrünen Metallkästchen«, worin ihr Telefonanschluss verdächtigerweise mündet, vorbei, hinab ins Kellerlabyrinth. Und hinaus aus dem Fenster, nun über der aufgerissenen Friedrichstraße schwebend, das »Gewirr von Kabeln und Röhren unter uns«, hinein in diese Unterwelt, an die Grenze des Totenreichs, und wieder hoch hinaus über den geschundenen Leib der Stadt.

Eine ausgesprochen bedeutungsschwangere Erzählung. Die letzten Passagen bilden dem Berliner Literaturkritiker Lothar Müller zufolge ein »starkes Stück Rekonvaleszentenliteratur«. Angekündigt hatte sich die Genesung auch in einem für Christa Wolf neuen selbstironischen Ton, der den Glauben an die eigene Unfehlbarkeit aufs Korn nimmt:

»[Wir] schwenken Unter den Linden nach links, alles menschenleer, nur ein paar nächtliche Wartburgs irren wie arme Seelen herum in der ausgestorbenen Stadt, die mir auf einmal ausnehmend gut gefällt – hören Sie mal: Das ist jetzt einfach nicht der richtige Zeitpunkt, Ihre Irrtümer zu hätscheln, sagt Kora.«

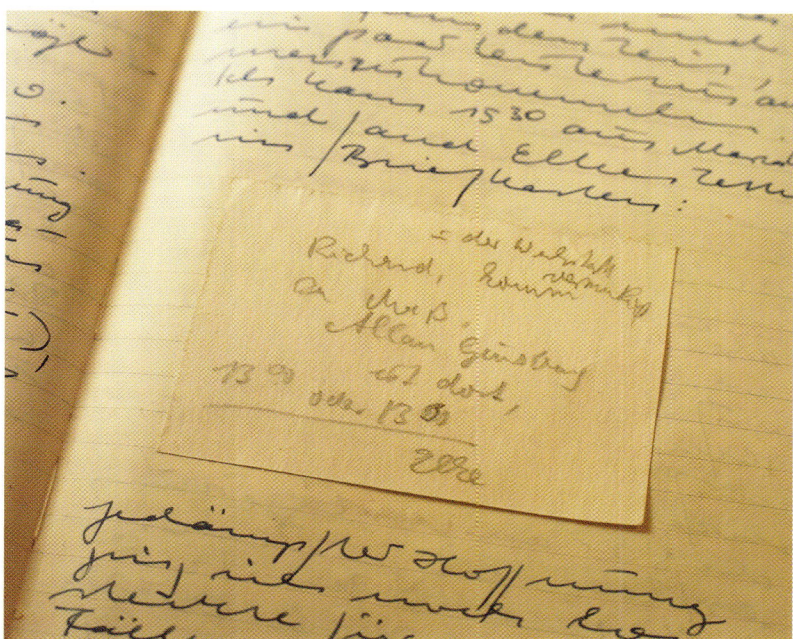

Oben: Zettels Traum – Allen Ginsberg besucht den Prenzlauer Berg.

Oben rechts: Friedrichstraße 133. In diesem Haus wohnte Christa Wolf viele Jahre lang.

Der Christa-Wolf-Tag

Über den realexistierenden Sozialismus gleiten: Nie fühlte man sich als Bürger der DDR erhabener – so heißt es – als in jenem Moment, in dem das Fernsehen Bilder aus der Kapsel des Raumfahrers und Volkshelden Siegmund Jähn übertrug. Und nie der Utopie näher, als dort plötzlich ein paar Fähnchen für Aufmärsche, so genannte Winkelemente, durch den schwerelosen Raum schwebten. Sie können von Berlin aus nicht ins All starten, aber die Welt aus 207 Metern Höhe gut sein lassen, das geht, im »Telecafé« des Fernsehturms. Beschwingt werden Sie danach auf dem Alexanderplatz stehen und eine Rede halten wollen. Den Text finden Sie in dem Schelmenroman Helden wie wir *von Thomas Brussig (Seiten 283ff.): »Liebe Mitbürgerinnen und Mitbürger. Jede revolutionäre Bewegung befreit auch die Sprache.« Sie fordern »Demokratie – jetzt oder nie«, sprechen von »Wendehälsen« und machen einen Vorschlag für den 1. Mai. In Brussigs Buch kommt es leider zur »folgenschwersten Verwechslung des 20. Jahrhunderts«: Sein Held hält die Rednerin – Christa Wolf – für die berüchtigte Eislauftrainerin Jutta Müller und kehrt dem Sozialismus mit menschlichem Antlitz prompt den Rücken. Um solche Missverständnisse zu vermeiden, sollten Sie nach Einbruch der Dunkelheit und in den Wind sprechen. Daraufhin gehen Sie ins »Haus des Lehrers« am Alexanderplatz 4 und diskutieren über Gott, die Welt und die DDR. War vieles besser? Oder doch alles schlechter? Zitieren Sie* Medea *von Christa Wolf: »Wohin mit mir. Ist eine Welt zu denken, eine Zeit, in die ich passen würde. Niemand da, den ich fragen könnte. Das ist die Antwort.« Anschließend stehen Sie auf, schlagen den Kragen hoch und lassen sich von der Nacht verschlucken.*

Das Gewitter hat sich verzogen. Aber Vorsicht, nicht zu schnell fahren, es würde uns nicht wundern, wenn es etwas glitschig wäre an dieser Stelle: Glienicker Brücke, Richtung Westberlin.

Im Tierpark:
Cees Nooteboom und
Monika Maron

Cees Nooteboom wurde 1933 in Den Haag geboren. Er weilt immer wieder gern in Berlin. Von den bewegten Wochen im November 1989 zeugen seine *Berliner Notizen*, die 1990 erschienen sind. Neun Jahre später folgte der Berlin-Roman *Allerseelen*.

Monika Maron wurde 1941 in Berlin geboren. 1951 siedelte sie von West- nach Ostberlin über, dem sie 1988 wieder den Rücken kehrte. Neben den beiden Romanen *Animal triste* (1995) und *Endmoränen* (2002) wollen wir hier noch ihren DDR-Roman *Stille Zeile Sechs* (1991) und die Familien- geschichte *Pawels Briefe* (1999) nennen.

Spuren von Pfauen im Schnee auf der Pfaueninsel

Vorherige Doppelseite:

Schloss Charlottenburg

W ie sieht ein Fisch den Fluß, in dem er schwimmt? Er kann nicht raus, um Abstand zu ge- winnen. So ist es hier in Berlin. Alles fließt«, notiert der niederländische Schriftsteller **Cees Nooteboom** im November 1989, wenige Tage nach dem Mauerfall. Aber was ein echter Schriftsteller sein will, der schwimmt, wenn er denn schon schwimmen muss, wenigstens ge- gen den Strom. Das ist auch bei Nooteboom nicht anders, der in diesen aufgewühlten Tagen als Gast des DAAD in der Stadt weilt. Während die Massen in den ersehnten Westteil strömen, zum Kurfürs- tendamm, zum »KaDeWe«, zu Beate Uhse, bricht er in den Osten auf. »Wie nett, daß Sie kommen, wo nun doch jeder in die umgekehrte Richtung geht«, begrüßt ihn dort ein Lektor von »Volk und Welt«. Neben vielen anderen Werken der Weltliteratur sind auch zwei Bücher des Niederländers in diesem Verlag erschienen, der bis 1996 in der Glinkastraße 13–15 untergebracht war. Später zog er in den Westen, nach Kreuzberg, und wurde schließlich von einem Weltkonzern aufgekauft. Ähnlich erging es etlichen Betrieben aus der DDR.

Keinerlei Veränderungen gab es dagegen bei zwei Gestalten, denen Nooteboom danach begegnet war. Sie sind immer noch an ihrem alten Platz, wenngleich sie mit ihren Gedanken weit weg wirken. Heute wie damals steht der eine und sitzt der andere. Man erkennt sie »von hinten am wogenden Haarschopf, dem weit vorstehenden Bart des Sitzenden« – Karl Marx und Friedrich Engels im Forum an der Rathausstraße, beim Alexanderplatz. Ein andermal nimmt Nooteboom das Auto und fährt durch Ostberlin, über die »Straßen Karl Marx' und Karl Liebknechts«, an den Plattenbauten entlang, vor denen die »Trabis« stehen, immer weiter hinaus, bis er auf einmal am Tierpark in Fried- richsfelde ist. »Zuviele Menschen diese Woche, jetzt will ich Tiere. Der Eintritt kostet eine Mark, ich bin fast der einzige Besucher, gehe vorsichtig über die vereisten Wege, lausche den kurzen, kräch- zenden Rabenliedern.«

Mitte der neunziger Jahre besucht erneut ein Niederländer, Arthur Daane heißt er, die beiden Ge- stalten auf dem Marx-Engels-Forum. Es ist Winter, und der sitzende Marx hat »einen kleinen Schneemann auf dem Schoß, der ihn plötzlich sehr menschlich machte, ein Großvater aus dem neunzehnten Jahrhundert,« wie sich der Erzähler in Nootebooms Roman *Allerseelen* (1999) er- innert. Daane, die Hauptfigur, ist Dokumentarfilmer und ein Weltbürger, der es gewohnt ist, mit dem BBC World Service aufzuwachen. Durch ein tragisches Unglück hat er Frau und Sohn verloren, in Berlin will er etwas Abstand gewinnen. Nun streift er also durch die Stadt, seine Kamera stets geschultert.

»Ach, diese ganze Gegend, Savignyplatz, da leben ja eigentlich die 68er-Rentner, da gehöre ich eigentlich auch hin«, sagt Claus Peymann, der Intendant des Berliner Ensembles, in dem Dramolett *Claus Peymann kauft sich keine Hose, geht aber mit essen* von Benjamin von Stuckrad-Barre . Der Entertainer Harald Schmidt war davon so begeistert, dass er es in seiner Late-Night-Show nachspielte. Schmidt spielte Peymann, sein Gast Stuckrad-Barre sich selbst. Nachdem der Hosenkauf am Kurfürstendamm gescheitert ist, begleitet er den redefreudigen Intendanten ins Restaurant »La Cantina«, Bleibtreustraße 17. Das Stück endet damit, dass Peymann, während er am Büffet eingelegtes Gemüse und Fisch nimmt, sagt: »Man nimmt immer zu viel. Herrlich.«

Das Motiv erinnert an Isherwood, an Nabokov, an deren Art, Berlin zu registrieren. Aber zwischen diesen beiden Schriftstellern und Nooteboom liegen Welten, besser gesagt, Trümmerhaufen. Oder riesige Brachlandschaften, wie am Potsdamer Platz, wo Mitte der neunziger Jahre der Boden aufgerissen wird, um die Leere mit zukünftiger Geschichte zu füllen. Daane zieht es zu diesen Baustellen – vor allem in der Abenddämmerung – um etwas festzuhalten, was er die »Ungerührtheit der Welt« nennt:

»Hier irgendwo mußte sich Hitlers Bunker befunden haben, hier in der Nähe auch die Folterkammern der Gestapo, doch darum ging es jetzt nicht, das war ja vielleicht noch greifbar genug, nein, es ging um das, was vor dieser Zeit und nach dieser Zeit hier gestanden hatte und jetzt zusammen damit verschwunden war und nie wieder zum Vorschein kommen würde, so tief man auch grub.«

Anders gesagt, es geht ihm um etwas Unverfügbares, um Metaphysik, in diesem Moment und bei seinem großen Projekt für einen Film, der nichts mit den konventionellen Beiträgen gemein haben soll, mit denen er sein Geld verdient: »Daß dieser Film mit Zeit, mit Anonymität, mit Verschwinden und mit Abschied zu tun haben würde, war nichts, wonach er gesucht hatte, es war einfach so.«

Die Tendenz verstärkt sich durch das Milieu, in dem Daane sich bewegt. Dieses Milieu heißt Westberlin, und es ist mit dem Fall der Mauer noch lange nicht verschwunden. Man kann es bis heute zum Beispiel um den Savignyplatz finden, an Orten wie der »Autorenbuchhandlung« in der Carmerstraße 10, der Künstlerkneipe »Diener« in der Grolmanstraße 47 oder dem »Zwiebelfisch« direkt am Platz, einer Kneipe, von der es im Roman heißt, Daane »kannte dort niemanden, und zugleich kannte er alle vom Sehen. Es waren Menschen wie er, Menschen, die Zeit hatten. Aber sie sahen nicht aus wie Reklamegestalten.« Menschen wie Daanes Freunde: wie Victor, der Bildhauer, der ihn oft auf seinen Spaziergängen begleitet und diese mit einem »Schau mal, siehst du die Einschusslöcher da …«, einzuleiten pflegt. Wie Arno Tieck, der Philosoph, der sich nach dem Aufwachen überlegt, ob er Müsli oder Toast essen wollte, um dann wieder den Faden des Buches aufzunehmen, mit dem er eingeschlafen war (Nooteboom ist gut mit dem Philosophen und Schriftsteller Rüdiger Safranski befreundet). Und wie Zenobia Stein, die Physikerin, die eine kleine Fotogalerie an der Fasanenstraße besitzt, die auf Naturfotografie aus den zwanziger Jahren spezialisiert ist. Im »L'Alsace« trifft man sich, um bei Käse und Rotwein gemeinsam über den Lauf der Welt zu diskutieren (Vorbild dieser Kneipe ist das »Weinrestaurant Risachèr«, Savignyplatz/Ecke Kantstraße).

»Die Gegend um den Savignyplatz ist dem Village in New York vergleichbar«, sagt K. P. Herbach, dessen »Buchhändlerkeller« sich heute in der Carmerstraße 1 befindet. Vor etlichen Jahren las Nooteboom dort aus seinem Buch *In den niederländischen Bergen*. Herbach kann für sich in Anspruch nehmen, den Niederländer damals für Berlin begeistert und schließlich bekannt gemacht zu haben. Bei seinen Berlinaufenthalten wohnt er in einer Wohnung nahe der Wilmersdorfer Straße. Am Rande jenes Künstlerbiotops, zu dem einmal Orte gehörten wie die ursprüngliche Autorenwerkstatt des LCB in der Carmerstraße 4, die in den sechziger Jahren Peter Weiß und Peter Rühmkorf zu ihren Dozenten zählte.

Atlantis Westberlin heißt ein Buch von Herbert Beckmann, das ein Jahr nach Nootebooms Roman erschienen ist, und eine »Erinnerungsreise in eine versunkene Stadt« verspricht. Eine »Weltmetropole auf dem Abstellgleis« nennt Olaf Leitner das alte Westberlin in einem weiteren Buch zum Thema. Das Leben dort ließ sich dank diverser Subventionen recht komfortabel und experimentierfreudig an. Denn die Mauer, die laut DDR-Ideologie den Sozialismus vor dem Kapitalismus bewahren sollte, schützte, so zynisch es klingen mag, in Wahrheit auch den Westteil der Stadt: vor dem Einbruch der Welt.

176

Oben: Am Savignyplatz leben Menschen, die Zeit haben.

Rechts: Was man im »Café Einstein« in der Kurfürstenstraße vorfindet, steht in Nootebooms Roman *Allerseelen*: »Zeitungen voll Welt, an langen Stöcken. Le Monde, der Corriere della Sera, die taz«. Und nicht zu vergessen: El País.

Folgende Doppelseite:

Links: Auf der Pfaueninsel verstecken sich die Verliebten hinter großen Bäumen.

Rechts: »[W]as allein schon das Wort Glienicker Brücke für manche bedeutete ...« Denn hier wurden Spione, die aus der Kälte kamen, gegen solche getauscht, die in die Kälte gingen.

»Wir hatten so ein schönes, ruhiges Haus, und auf einmal ist die hintere Wand rausgefallen, und jetzt zieht es so schrecklich, und alle möglichen komischen Leute kommen herein. Traumzustand, Wartezimmergefühl ...«, sagt Victor gegen Ende von Nootebooms *Allerseelen*. Während die Welt langsam in Arthur Daanes Westberlin einbricht, wird er von dort wieder hinausgetragen. Durch eine Liebe. In der Staatsbibliothek (West), in der sich schon ungezählte Bekannt- und Liebschaften angebahnt haben (siehe auch das Kapitel »In den Bibliotheken«), lernt Daane die Geschichtsstudentin Elik Oranje kennen. Auch sie ist – als Stipendiatin des DAAD – in die Stadt eingetaucht und nutzt die Staatsbibliothek, um ihre Dissertation über eine spanische Königin aus ferner Vergangenheit voranzutreiben.

Ihre erste gemeinsame Unternehmung führt sie ans äußerste Ende von Westberlin, zur legendären Glienicker Brücke, dort wo wiederum der Osten anfing. Daane berichtet, wie er dort unmittelbar nach der Wende einen berühmten niederländischen Schriftsteller gefilmt hat:

»›Er erzählte von den Grenzkontrollen, vom Agentenaustausch, was allein schon das Wort Glienicker Brücke für manche bedeutete ... und er machte das ganz gut, aber ...‹
›Es war nicht mehr die Vergangenheit?‹
›Vielleicht war es das ... es hat was ... was Verlogenes, wenn etwas wirklich passiert ist und dann zu einer Geschichte wird, die sich jemand aneignet. Da fehlt alles.‹«

Am besten wäre es vermutlich, man würde die Vergangenheit überhaupt in Ruhe lassen. Aber das geht nicht, in Berlin schon gar nicht. Und an der Glienicker Brücke gleich zweimal nicht.

Später nehmen sie die Fähre zur Pfaueninsel. Dort angekommen, hören sie den »hohen, lauten, langgedehnten Schrei eines Pfaus«, ein weiterer folgt und noch einer, dann rennt Elik los. So wird sie sich beständig entziehen. Und er ihr beharrlich folgen. Und weite Kreise ziehen, bis das Berliner Muster in diesem Roman vollends mit europäischen Formen verwoben ist.

179

Links: Potsdamer Platz. »Natürlich wurde hier alles mögliche in den Boden gerammt, doch dieses Gefühl hatte man nicht. Es schien viel eher, als sei eine riesige Stadt im Begriff, sich aus der Erde zu erheben«, schrieb Nooteboom in *Rückkehr nach Berlin* (1998).

Rechts: An Plattenbauten wie diesem kam Nooteboom vorbei, als er 1989 zum Tierpark in Friedrichsfelde fuhr.

Ganz rechts: Das wäre doch was für ihn, den Zeichendeuter und Geschichtsmetaphysiker: Einschussloch in einem Grabstein, Friedrichswerderscher Kirchhof, Bergmannstraße.

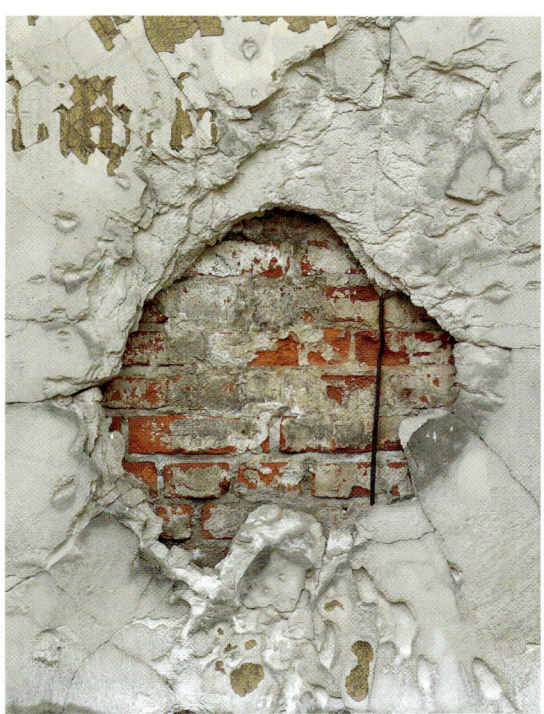

Verfrühte Tierliebe heißt eine zweiteilige Erzählung von Katja Lange-Müller, die 1951 in Ostberlin geboren wurde und 1984 in den Westen ausreiste. Der zweite Teil handelt von einer Kaufhauskundin, die beim Klauen ertappt und in den Keller des Kaufhauses gebracht wird, wo sie sich »wie eine aufgescheuchte Assel« benimmt. Die Geschichte fand Eingang in *Born to shop*, ein Stück des Maxim Gorki Theaters: Unter den Augen von »Security«-Angestellten wurde es im Sommer 2000 im »Kaufhof« – zu DDR-Zeiten: »Centrum«-Warenhaus – auf dem Alexanderplatz aufgeführt. Die *Berliner Zeitung* schrieb in ihrer Kritik, dass die Diebin mit der »nötigen Portion Zickigkeit« gegeben wurde.

Im gänzlichen Rückzug aus der Welt endet dagegen eine Liebesgeschichte, welche die 1941 geborene **Monika Maron** aus der Zeit nach dem Mauerfall in Berlin erzählt. In ihrem Roman *Animal triste* (1995) erinnert sich eine namenlose ältere Frau an das Leben, das sie geführt hat, bevor sie nun in ihrer Wohnung dahinvegetiert, Ort und Zeit sind unwichtig geworden. Ihre Erinnerungen sind bruchstückhaft, Fragmente einer großen Liebe und eines ebenso obsessiven Hasses auf die Mauer. Die Mauer hat die falschen Paare geschmiedet und zwei, die füreinander bestimmt schienen, voneinander fern gehalten. Alles wäre anders gekommen, wären sie sich rechtzeitig begegnet, aber das ging ja nicht, weil »wahnsinnige Gangster eine Mauer zwischen ihn und mich gebaut hatten«. Ihre Liebe kommt zur Unzeit. Sie verliert Franz, den Wessi aus Ulm, in den sie sich bedingungslos verliebt hat, wieder. An seine Ehefrau, vielleicht sogar an den Tod. Beim Abschied ein »Heulen wie von einer Hundemeute. Wer schreit so. Unter dem Bus verblutet jemand.«

Kennen gelernt hatte sie Franz auf jeden Fall im Berliner Naturkundemuseum in der Invalidenstraße 43. Sie arbeitete dort als Paläontologin, umgeben von uralten Tierskeletten, von denen ein zwölf Meter hoher und 23 Meter langer Brachiosaurus berühmt geworden ist – es ist das größte erhaltene Saurierskelett der Welt. »Ein schönes Tier«, sagte Franz, der Insektenforscher, als er eines Morgens neben ihr und dem Saurier stand. Es sind die ersten Worte einer »späten Jugendliebe«, die ihr Leben zu einem Warten, Fordern, Verwünschen (der Ehefrau), Genießen und schließlich Trauern machen.

Ihre Umwelt nimmt sie kaum noch wahr, auch vom Objekt ihrer Liebe ist kein rechtes Bild geblieben. Nur was ihre »animalische« Leidenschaft spiegelt, wird bedeutsam. Das gilt auch für die Stadt, die sich im Umbruch befindet; hängen bleiben werden »die aufgerissenen Straßen, die Kabel und Rohre, die wie verwesende Eingeweide überall herumlagen; die Kräne, die sich wie Saurierskelette über die Dächer beugten«. – Etwas »atavistisch Gewaltsames« erkennt sie in ihren Gefühlen oder eben: etwas »Saurierhaftes«. Der Saurier symbolisiert für sie die Hinfälligkeit von Geschichte, Gesellschaft, Konvention. Schon in der »seltsamen Zeit« – so nennt sie das Leben in der DDR – zeugt ihr Brachiosaurus von der banalen Einsicht, dass alles früher oder später untergehen wird.

Oben: Die Akademie der Künste, hier noch am Hanseatenweg 10. Ende 2003 heißt ihr Präsident Adolf Muschg, Cees Nooteboom eines ihrer Mitglieder.

Rechte Seite: Es müssen ja nicht immer Hunde sein. Skulptur von Walter Lerche im Tierpark Friedrichsfelde

Aus dieser Zeit bleibt ihr eine einzige Episode genauer im Gedächtnis haften. Ein befreundetes Schauspielerpaar hat sich getrennt, er entführt kurzerhand den gemeinsamen Hund. Mehr als um ihren Freund trauert die Verlassene fortan um den Verlust ihres Parzifal. Das dackelähnliche gelbfellige Tier ist mittlerweile zum »Publikumsliebling des einzigen Operettentheaters im Ostteil Berlins« geworden. Von dort, vom Metropoltheater an der Friedrichstraße 101–102, wird er durch ihren Freundeskreis kurzerhand zurückentführt: »Wir standen dabei voller Rührung und Genugtuung, weil die Gerechtigkeit und die Liebe gesiegt hatten und weil wir ihr dazu verholfen hatten. Diese Minuten gehören auch jetzt […] zu den glücklichsten meines Lebens.« Der Justiziar des Theaters forderte den Hund umgehend zurück.

Bis 1988 lebte Monika Maron in Ostberlin. Dann zog sie, mit einem Dreijahresvisum ausgestattet, auf die andere Seite des eisernen Vorhangs, lebte in Hamburg. Seit 1992 wohnt sie wieder in Berlin, im selben Jahr wird ihr der Kleist-Preis zugesprochen, elf Jahre später wird ihr Werk mit dem Hölderlin-Preis ausgezeichnet. Die Auszeichnung erhält sie nicht zuletzt für den Roman *Endmoränen* (2002). Darin hat sich Johanna, eine Frau von gut fünfzig Jahren, in ihr Sommerhaus nach Basekow zurückgezogen. In diesem kleinen Kaff nördlich von Berlin, mit 36 Bewohnern und einem schmucken See, schreibt sie an einer Biografie über Wilhelmine Encke, die famose Mätresse von Friedrich Wilhelm II. Septemberstimmung prägt ihren Aufenthalt. Denkt sie an ihren Mann, einen weltscheuen Kleistforscher, sieht sie vor allem seinen Rücken am Schreibpult; mit einem alten Freund steht sie in einem melancholischen Briefwechsel. Manchmal kommt Besuch aus der Stadt, Elli zum Beispiel, die Zeitungsredakteurin, die in Kreuzberg lebt, ihre beste Freundin seit jener seltsamen Zeit, als Ostberlin noch »Hauptstadt der DDR« hieß.

Damals versteckte Johanna »geheime Botschaften« in den Biografien und den Vor- und Nachworten, die sie schrieb und Elli zu lesen gab. Elli wiederum, die Biologie studiert hatte, hielt Vorträge über die Rolle der Königin bei den Ameisenvölkern und veröffentlichte in angesehenen Zeitschriften. Damit war es allerdings vorbei, als sie einen Ausreiseantrag stellte. Mit dem Geld ihrer Mutter verfasste sie in den vier Jahren, die sie bis zur Ausreise aus der DDR warten musste, ein Buch

183

Als Geliebte eines Preußenkönigs wurde die Gräfin von Lichtenau, Wilhelmine Encke (1752–1820), natürlich zum Gespräch der Berliner Gesellschaft. Sie gründete daraufhin einen eigenen Salon, in dem sich die Repräsentanten des öffentlichen Lebens über andere Liebschaften unterhalten konnten. Zu den Gästen zählte Rahel Levin, die sich nach ihrer Heirat Friederike Varnhagen von Ense nannte. 1793 eröffnete Levin/Varnhagen ihren eigenen Salon in der Jägerstraße 54, 1819 folgte ein weiterer in der Französischen Straße 20. Heinrich Heine hielt sie für die »geistreichste Frau des Universums«. An Wilhelmine Encke soll sie die Gabe hervorgehoben haben, »durch sich selbst nur schön und heiter zu sein, alles andere aber von dem Manne zu empfangen, der sie liebt«. Diese Theorie versagt im Fall des Architekten Johann Gottlieb Brendel. Denn die Zeichnung zu dem von ihm gebauten Lustschloss auf der Pfaueninsel soll von der »schönen Wilhelmine« stammen.

mit »kleinen Geschichten und Anekdoten über jede Tierart, die im Tierpark Friedrichsfelde beherbergt war«. Zusammen mit ein paar Kneipen und dem Naturkundemuseum wurde der Tierpark ihr liebster Ort in Ostberlin:

> »Ich habe viele Leute gekannt, die damals das Land verließen, aber keiner von ihnen überstand die Wartezeit und die willkürlichen Vorladungen bei dieser oder jener Behörde leidenschaftsloser als Elli, die zum Ende des dritten Jahres den Buchstaben W abgeschlossen hatte und den Rest der Zeit auf die Zebus, Zebras und Ziegen verteilen konnte.«

Das Buch wurde später in einem Kreuzberger Verlag veröffentlicht und war ein beachtlicher Erfolg.
Ellis Besuch in Basekow mündet in einem weinseligen Abend, in dessen Verlauf sie ihr Misstrauen gegenüber jenen Leuten erklärt, die sich über »das Unglück der Tiere mehr aufregen als über das Leid von Menschen, weil deren ganze Tierliebe aus Menschenhaß besteht«. Als Johanna ein paar Tage später, durch eine unverhoffte Liebesnacht leise beglückt, in die Stadt zurückfährt, entdeckt sie am Straßenrand einen Hund, der an einen Abfallkübel festgebunden ist, eine Mischung aus »Schnauzer und noch etwas«. Sie befreit das zitternde und triefnasse Tier und nimmt es mit, ohne doch genau zu wissen, was sie mit ihm anfangen soll.

Epilog. Ostberlin, zirka 1996:

> »Friedrichsfelde, schon von weitem sah er die hohen Bäume des Tierparks. Er kaufte eine Eintrittskarte, die jetzt zehnmal so teuer war wie damals, und bog im sicheren Wissen, was ihn erwartete, in eine der langen Alleen ein. Auch damals waren hier Väter mit Kindern entlanggegangen, und er wußte noch, daß er sich ausgemalt hatte, was diese Männer waren: subversive Dichter, Offiziere an ihrem freien Tag, suspendierte Lehrer, Parteifunktionäre … Aber wie gewöhnlich war ihnen nichts anzusehen gewesen.« (Nooteboom, *Allerseelen*)

Von links nach rechts: Zutaten zu einem
Berlinroman. Eine Lampe, die den »Todes-
streifen« beleuchtet hat. Ein »Vernehmer-
zimmer« mit Honecker-Bild (in der Gedenkstätte Berlin-Hohenschönhausen).
Eine Büste der Königin Luise auf der
Pfaueninsel. Sowie ein Brunnen, der noch
nicht versiegt ist.

Der Nooteboom-Maron-Tag

Beginnen Sie den Tag damit, dass Sie gegen den Strom schwimmen. Zum Beispiel in der Havel.
Deponieren Sie Ihre Kleider in einem der alten Geheimfächer unter der Glienicker Brücke. Wenn Sie
ein sehr guter Schwimmer sind, schaffen Sie es von dort bis zur Pfaueninsel. Wieder bei der Brücke,
nehmen Sie den Bus 116 zur Regionalbahnstation Wannsee. Hier müssen Sie sich entscheiden: Ent-
weder nehmen Sie den Zug zurück in die Stadt, wo Sie an der Station Savignyplatz aussteigen und im
»Zwiebelfisch« in das alte Westberlin abtauchen. Oder Sie fahren stadtauswärts, bis Sie ein kleines
Dorf an einem zauberhaften See entdecken. Dort mieten Sie sich ein Häuschen an einem Sandweg,
schreiben viele Briefe und trinken Rotwein mit ihrem Nachbarn, einem ehemaligen Dissidenten aus
Ostberlin, der sich an den Wochenenden auf seiner Datsche erholt.

Der Fernsehturm ist schön:
David Wagner und
Judith Hermann

WAS ALLES FEHLT

Wir waren nicht lange verliebt, wir waren gle[...]
die Kühlschranktür öffnen und durch die [...]
immer da und sagte *komisch, daß zwei [...]*
miteinander aushalten. Ich wußte, wann sie [...]
ging, sie sagte, *sich besser kennenle[...]*
unangenehmen Seiten nicht mehr verberg[...]
Unterhose sie am liebsten trug, wie oft sie [...]
Butter sie unter die Marmelade schmierte. U[...]
gut wie sie, sie wußte, wann ich nicht die V[...]
Rolle spielte. Wir erzählten uns, was wir er[...]
und hatte ich nicht von ihr geträumt, ba[...]
Traumerzählung ein. Sie kochte Kaffee un[...]
Brötchen kaufen. Sie sagte, *das Stadium,*
haben wir, glücklicherweise, übersprungen[...]
schmierte sie Philadelphia, keine Butter, [...]
kaufen, und fragte im nächsten Satz, das [...]
meinem Einzug, *willst du nur jetzt oder üb[...]*
Wohnung nicht zu klein, kennen wir uns gu[...]
und *weißt du, was das kostet,* sie aber klebt [...]
schrieb *was alles fehlt* auf das Papier und [...]
schrieb *Johannisbraut und Parkettpflegemi[...]*

Ganzer Bildschirm schließen

David Wagner (geb. 1971) zog Anfang der neunziger Jahre aus dem Rheinland an die Spree. *Meine nachtblaue Hose* (2000) heißt sein erster Roman. *In Berlin* (2001) nennt sich eine Sammlung von Stadtbetrachtungen.

Judith Hermann wurde 1970 in Berlin-Neukölln geboren. Berühmt wurde sie 1998 mit dem Erzählband *Sommerhaus, später,* dem fünf Jahre später der Band *Nichts als Gespenster* folgte.

David Wagner erzählt keine spektakulären Dinge. Und doch gehört sein Roman *Meine nachtblaue Hose* (2000) zu den interessantesten Debüts der letzten Jahre. Das markanteste Ereignis darin ist ein Autounfall in der Skalitzer Straße, Höhe Kottbusser Tor, der glimpflich endet. Das Auto der Mutter, das der namenlose Ich-Erzähler gegen einen Pfeiler der Hochbahn fährt, ist mit einem Airbag ausgestattet. Derart abgedämpft ist sein ganzes bisheriges Leben verlaufen. Und auch die Vermutung der Polizei, Drogen seien im Spiel, ist falsch. »Nutellakinder«, wie seinesgleichen im Roman genannt werden, nehmen keine Drogen. Nutellakinder sind süchtig nach Erinnerungen. Wie Wagner selbst, der 1971 im Rheinland geboren wurde und seit 1990 in Berlin lebt. Immer wieder schweift sein Erzähler in die Kindheit. Dort lässt der Vater, ein Bonner Ministerialbeamter und ehemaliger »68er«, die alten Platten der »Rolling Stones« im Regal verstauben, im Übrigen kocht er liebend gerne Marmelade und lebt von seiner Frau in Frieden getrennt. Sein Sohn wird irgendwann einmal nach Berlin ziehen, Jura studieren und sich in die Ethnologiestudentin Fe verlieben, welche ebenfalls ein Scheidungs- und Nutellakind ist:

> »Wir erzählten uns unsere eigene Geschichte als Liebesgeschichte: zwischen Kuchenkrümeln, mit Apfelkuchen im Mund und auf der Rückbank im Auto, *es waren einmal die Protagonisten… und wieviel Kapitel gibst du mir,* fragte ich, da saßen wir wieder einmal mit dem Rücken zur Wand nebeneinander im Café M und beobachteten, wie neue Hosen getragen wurden, jeder Besucher führte sich vor, hatte seinen Auftritt.«

Eine ganze Generation junger Westdeutscher, die in der wohligen Ära Kohl aufgewachsen war, zieht nach dem Fall der Mauer in die neue deutsche Hauptstadt, um etwas – aber was genau? – zu erleben. Vielleicht reicht es schon, gut angezogen in ein Café wie das »M« in der Goltzstraße 33 zu treten, gesehen zu werden, sich hinzusetzen und zu schauen. Später, wenn einer wie Wagner davon erzählt, kann man dann sagen: Genau so war es. *Meine nachtblaue Hose*, der Titel des Romans, meint nicht nur eine Textilie, sondern auch den Text selbst, lateinisch *textus*, das Gewebe, zusammengeknüpft aus zahllosen Erinnerungsfäden.

Berlin ist seit je ein gutes Pflaster für Erinnerungssüchtige. In seinem Buch *Berlin. Biographie einer Stadt* (2002) hat der amerikanische Historiker David Clay Large die deutsche Metropole als eine Stadt beschrieben, in der sich immer schon ein mächtiger Hunger nach Neuem mit

Blick auf das Notebook von David Wagner

Vorherige Doppelseite:

»Freischwimmer« am Flutgraben in Kreuzberg

189

Als Querdenker gilt Botho Strauß, der 1944 in Naumburg geborene Dramatiker und Schriftsteller, der sein halbes Leben in Westberlin verbrachte und sich vor ein paar Jahren in die Uckermark zurückgezogen hat. Zum geflügelten Wort unter deutschen Intellektuellen wurde sein Satz: »Ohne Dialektik denken wir auf Anhieb dümmer; aber es muß sein: ohne sie.« Er steht in dem Band *Paare, Passanten* von 1981. Dort finden sich auch Beobachtungen und Notizen zu einem Besuch im »Resi«, dem legendären Ballhaus an der Hasenheide, dem damals die Massen zunehmend fern blieben. »Aus dem Rohrpostschacht am Tisch des einsamen Gastes aus dem Seniorenheim zog es.«

einem fast ebenso »starken Hang zur Trauer um das, was untergegangen war«, gepaart habe. Wie innig diese beiden Strebungen ineinander verflochten waren und sind, kann man am Streit um die Bebauung des Schloßplatzes erkennen, der vor ein paar Jahren ausgefochten wurde. Sollte man das prachtvolle, in der DDR-Zeit gesprengte Stadtschloss wieder aufbauen oder doch etwas radikal Neues an seiner Stelle errichten?

Man entscheidet sich für den Wiederaufbau. Dafür muss nun aber der Palast der Republik weichen, an den die ehemaligen Bewohner der »Hauptstadt der DDR« viele Erinnerungen knüpfen: In Berlin ziehen markante Veränderungen besonders sinnfällige Verluste nach sich, hier kann sogar das ›Werden‹ traurig machen. Deutlich wird das an einem zentralen Symbol von Wagners Roman, der Oberbaumbrücke. Noch liegt sie zerstört in der Spree. Ihre Wiederherstellung wird eine offene Naht zwischen West und Ost schließen, gewiss, aber es wird auch die Zeit sein, in der die Liebe von Fe und dem Erzähler zu Ende gegangen ist.

Bis es so weit ist, gelangt der Erzähler über einen provisorischen Steg von Kreuzberg nach Friedrichshain, wo Fe eine Hinterhofwohnung mit Anatol teilt. Anatol ist kein Nutellakind. Aufgewachsen ist er in der DDR, er ist ein »Ossi«, ein »Zonenkind« (Jana Hensel). Ein wenig zu »Ossis« werden Anfang der neunziger Jahre auch erfahrungshungrige »Wessis«, wenn sie ohne Telefon sind und mit Kohle heizen. Ostgeschichten sind das. »Wir […] setzten uns ins Café M. Fe erzählte Anekdoten aus ihrem Friedrichshainer Leben, Ostgeschichten, die sie auf diesen, ihren Westausflügen bei mir los wurde.«

In Mexiko-Stadt, wo David Wagner Mitte der neunziger Jahre eine Weile lebt, entdeckt er die fertige Berliner Oberbaumbrücke in einem Leuchtkasten. Ein gelber U-Bahnzug überquert sie unter nachtblauem Himmel. Für seinen Roman malt er sich aus, wie »es in Bonn, in der alten Bundesrepublik und in Berlin gewesen sein könnte, bevor die Oberbaumbrücke wiederaufgebaut war«. Ein paar Jahre später taucht sie abermals in einem Text auf, der vom Streckennetz der S- und U-Bahn handelt:

»In manchem U-Bahn-Waggon schimmert unter der Klebefolie der derzeit aktuellen Netzübersicht auch noch eine ältere Version durch. Da kann die Endstation der damaligen Linie 1 noch Schlesisches Tor heißen, die U8 noch bis zur Leinestraße fahren und der S-Bahnring noch gar nicht oder bloß gestrichelt eingezeichnet sein […]. Der Nachhall des jahrzehntelang vernommenen ›Schlesisches Tor zurückbleiben‹ erinnert nicht wenige Fahrgäste noch immer daran, dass hinter dem heute zum Durchfahrbahnhof degradierten Bahnhof die Welt zu Ende war. Und dass es ein kleines Wunder ist, dass der Zug heute wieder über die Oberbaumbrücke fahren kann.«

Der Band *In Berlin* versammelt knapp 30 solcher Feuilletonbeiträge wie »Die Netzspinne«. Die meisten wurden für die in der großen Zeitungskrise von 2002 wieder eingestellten »Berliner Seiten« der *Frankfurter Allgemeinen Zeitung (FAZ)* geschrieben. Als Wagner nach Berlin gekommen war, verdingte er sich wie so viele Neuankömmlinge in einem Nachtjob und arbeitete als Zusteller der Sonntagsausgaben von *Tagesspiegel* und *Berliner Morgenpost*. Er hoffte, dass ihn diese Arbeit wie von selbst zum Schreiber dieser Zeitungen machen würde. Aber dem war nicht so.

Auch das »Café M« begegnet uns in seinem zweiten Buch wieder. Dass die Abkürzung »M« für die DDR-Speisewagengesellschaft »Mitropa« stand, wird dem Besucher von den Stammgästen gerne verraten. Es könnte freilich auch für »Mode oder abgewetzte Melancholie« stehen, wie Wagner ergänzt. In Berlin wirken solche Orte rasch abgelebt, Wagner findet sie auch in den so genannten Trendbezirken Mitte und Prenzlauer Berg, wo er selbst wohnt, allerdings an dessen Rand, in der Bornholmer Straße. Der vielleicht beste Text aus *In Berlin* berichtet, was passieren kann, wenn man sich in ein riesiges, noch neues und doch schon uraltes Restaurant verirrt und zum »einsamste[n] Esser von Mitte« wird:

Oben: »M« kann für »Mode oder abge-
wetzte Melancholie« stehen, schreibt David
Wagner. »U« dagegen für U-Bahn oder
Unsinn.

Rechts: Blick aus dem S-Bahnhof Bornholmer Straße in Richtung Zentrum

»Der Kellner kommt mit der offenen Karte und sagt: ›Die Penne und die frischen Cannelloni sind
leider schon aus.‹ Der Gast wundert sich über das Wort ›schon‹, wendet den Kopf leicht nach
links und sieht nur leere Tische, wendet den Kopf leicht nach rechts und sieht auch dort nur freie
Tische …«

Das Restaurant existiert nicht mehr. Es lag in der Gormannstraße und nannte sich »Weltbühne«.
Ein großer Name, ein zu großer vielleicht. So hieß in den zwanziger Jahren ja die renommierte Zeitschrift von Carl von Ossietzky und Kurt Tucholsky. Der *sound* jener Zeit hallt bei Wagner nach, ein
wenig glaubt man immer etwas Franz Hessel oder Joseph Roth durchzuhören. Als Wagner Texte wie
»Der einsamste Esser von Mitte« schrieb, war die »Popliteratur« gerade en vogue. Namen wie Alexa
Henning von Lange oder Benjamin von Stuckrad-Barre wurden hoch gehandelt. In Wagners inten-
siver Wahrnehmung von Alltagsdingen, von Oberflächen – von »Phänomenologie« war um 2000
viel die Rede – sah man eine weitere Spielart dieser Popliteratur. Aber die Kritik dachte auch an
andere Berliner Schriftsteller:

»Am Ende steht ein fern an Botho Strauß erinnernder szenischer Text, der Motive voran gegan-
gener Geschichten noch einmal, gleichsam im O-Ton, aufnimmt: *Paare, Passanten* im Party-Dau-
errauschen.«

So urteilte ein Kritiker über eine Erzählung aus dem Band *Was alles fehlt* (2002). Er enthält auch den
Text, mit dem Wagner 1999 den Walter-Serner-Preis des Sender Freies Berlin (SFB) gewann, um
den sich alljährlich die jüngeren Schriftsteller bewerben. Im selben Jahr war er Stipendiat des Lite-
rarischen Colloquiums Berlin (LCB), Am Sandwerder 5. Gemeinsam mit Rainer Merkel, Marcus
Braun und Falko Henning, der sich mit gewitzten Texten über das Großwerden in der DDR einen
Namen gemacht hat, besuchte er diese Berliner Institution in bester Lage. Im Mai 2003 feierte das

Ist hier die Mitte von »Mitte«?

Ebenfalls in Berlin aufgewachsen ist Nicolaus Sombart (geb. 1923). Aber nicht im traditionellen Arbeiterbezirk Neukölln, sondern in einer Villa im Grunewald, in der Humboldtstraße. Seine *Jugend in Berlin* hat der Schriftsteller in einem Buch festgehalten. Sombart wuchs in ein großbürgerliches Leben hinein, das immer unwirklicher wurde, bis es buchstäblich in Trümmer fiel. Geschildert werden die Jahre von 1933 bis 1943. Bis tief in den Krieg hinein trafen sich versprengte liberale Geister im Salon der Mutter. Nach dem Krieg verkehrte Sombart in der Pariser Gesellschaft, später verschlug es den studierten Soziologen in den Europarat nach Straßburg. Zurück in Berlin pflegte er in seiner Wohnung in Wilmersdorf einen Salon, den letzten alten Stils. Seinen Gästen blieb ein kleiner Bücherschrank nicht verborgen, in dem die Werke seines Vaters, des Nationalökonomen Werner Sombart (1863–1941), standen.

LCB mit Günter Grass, Peter Bichsel und Peter Rühmkorf sein vierzigjähriges Bestehen. Von dieser Generation scheint Wagner noch weit entfernt. Aber auch seine Nutellakinder werden älter. Sie lesen viel, manche schreiben sogar selbst Bücher, wie die schwangere Heldin aus der Geschichte »Was fehlt«, die an einem Nutellakochbuch sitzt.

Auch **Judith Hermann** ist dem LCB verbunden. 1997 nahm sie dort an der Autorenwerkstatt teil. Heute ist man im LCB stolz, Judith Hermann entscheidend gefördert zu haben. Damals war sie nur einem kleinen Kreis von Szenegängern im Zusammenhang mit der Independentband »Poems for Leila« bekannt. Das sollte sich schon ein Jahr später ändern, als ihr erster Erzählband *Sommerhaus, später* erschien und rasch ein Riesenerfolg wurde. Bis heute verkaufte sich das Buch allein in Deutschland rund 250 000 Mal. »Mein erster und einziger Besuch bei einem Therapeuten kostete mich das rote Korallenarmband und meinen Geliebten«, lautet darin der erste Satz. Von diesem lakonischen Ton war auch die Kritik begeistert. »Wir haben eine neue Autorin bekommen, eine hervorragende Autorin«, verkündete Marcel Reich-Ranicki der Welt.

Judith Hermann wurde zur ersten Protagonistin des so genannten Fräuleinwunders der neuen deutschen Literatur (bald sollten ihr mit Jenny Erpenbeck, Zoë Jenny u. a. weitere folgen). Dazu passte, dass ihr Gesicht auf den Fotografien, die um die Welt gingen, ihre Geschichten gleichsam zu spiegeln schien, rätselhaft, etwas traurig und schön. Für Judith Hermann war der Umgang mit dem Erfolg nicht einfach. Da kein weiteres Buch folgen wollte und auch der Kleist-Preis, den sie 2001 erhielt, keines in Aussicht stellte, wurde immer lauter gemunkelt, sie zerbreche an ihrem Erfolg. Das hätte sie womöglich zu einer Art J. D. Salinger des Fräuleinwunders gemacht. Aber dann kam im Frühjahr 2003 der Erzählband *Nichts als Gespenster*. Er fängt so an: »Ruth sagte ›Versprich mir, daß du niemals etwas mit ihm anfangen wirst.‹« Es wurde wieder ein erfolgreiches Buch, nur die Geschichten, die es erzählt, sind etwas länger geworden.

Im folgenden Gespräch berichtet Judith Hermann von ihrem Leben und Schreiben in der ehemals geteilten Stadt.

Lassen Sie uns über Berlin sprechen.

Auf eine gewisse Art kann ich natürlich sehr viel über Berlin erzählen, auf eine andere Art auch wieder nicht. Das hängt damit zusammen, dass ich es mir nicht ausgesucht habe, hier zu leben, sondern 1970 in Neukölln geboren bin. Die einzige Strecke, die ich bisher zurückgelegt habe, ist die von Westberlin nach Ostberlin. Weiter bin ich, mit Ausnahme eines halben Jahres in New York, nicht gekommen. Es ist mir nicht gelungen, Berlin wirklich zu verlassen.

Sie schreiben in Ihren Büchern kaum über Ihr Herkunftsviertel. Nur Magnus aus Ihrer Geschichte Kaltblau *hatte vorübergehend eine Wohnung in Neukölln.*

Stimmt, eine Einzimmerwohnung mit Ofenheizung. Die Zeit nach dem Mauerfall hat wahrscheinlich mehr an Impressionen mit sich gebracht als die zwanzig Jahre Großwerden in Neukölln. Ostberlin war für mich so etwas wie eine gänzlich neue Stadt.

Sie sind offenbar von manchen Orten, die diese Zeit geprägt haben, sehr angetan. Zum Beispiel von dem einsamen, verfallenen Haus an der Spree, mit der Autoschrottpresse daneben, in dem Sonja aus der gleichnamigen Geschichte wohnt…

Dieser Ort ist ausnahmsweise von Neukölln inspiriert. In der Nähe des Hotels »Estrel« gibt es einen Kanal, an dem ich als Kind gespielt habe. Dort wohnten Leute in den letzten Häusern, und dort gab es auch die Autoschrottpresse. Wirklich eine Art von *dead end*. Ich bin mit 19 aus Neukölln weggegangen, zuvor war ich innerhalb dieses Bezirks in ein Haus umgezogen, das so ähnlich war wie Sonjas Haus.

Rechts: In der Nähe dieses S-Bahnhofs schreibt David Wagner.

Unten: Auf diesen Brunnen am Strausberger Platz blickte Judith Hermann, als sie an ihrem zweiten Erzählband arbeitete.

Auch Judith Hermanns Schriftstellerkollege Wolfgang Büscher weiß, was es heißt, vom Westen in den Osten zu gehen – allerdings hat er eine geringfügig weitere Strecke zurückgelegt. Mit seinem Buch *Berlin–Moskau* (2003) landete er einen völlig überraschenden Bestseller-Erfolg. Büscher, der bei der Zeitung *Die Welt* für Reportagen zuständig ist, berichtet darin von seiner Reise zu Fuß durch den ehemaligen Ostblock. Zum Kern seiner Erfahrungen wird, dass sich der »unzivilisierte« Osten immer weiter ostwärts verschiebt. Bis er im Moskau wieder zum Westen wird. Dieses geografisch-imagologische Prinzip gilt freilich schon in Berlin. Für Westberliner beginnt spätestens hinter dem Alexanderplatz der »Osten«, wer dort wohnt, hält Lichtenberg für dessen Beginn, wer in Lichtenberg lebt, für den fängt der Osten in Polen an, die Polen halten die Weißrussen für die ersten Ostler, die Weißrussen die Ukrainer usf.

Das »Kumpelnest 3000« in der Lützowstraße. Diese Kneipe kennt man sogar in Island, wie die Leser von *Nichts als Gespenster* wissen.

Uns alle haben solche Orte damals in einer vielleicht pathetischen, melancholischen Art angezogen. Den Alexanderplatz finde ich bis heute schön. Wenn man über ihn geht, ist es immer windig, und dann diese auseinander gerissene Architektur, das »Forum-Hotel«, das jetzt leider anders heißt – »Park Inn« –, und der Fernsehturm! Wir sind oft in den Treptower Park gegangen, auf diesen Rummelplatz im Plänterwald. Damals war es dort sehr proletarisch. Heute ist es fast schon schick.

Es gibt viele solcher Orte in Berlin, die einen etwas heruntergekommenen Schick ausstrahlen, der halbe Prenzlauer Berg und Mitte sind so.

Das »Kaffee Burger« ist auch so ein Ort. Dort habe ich früher manchmal Spiegeleier und Schnitzel gegessen. Hinter dem Tresen standen diese drei dicken alten Frauen, und es gab Herrengedeck und Nelkensträuße auf den Tischen. Dann gab es wirklich eine Art Besetzung, alle mussten raus, das Interieur wurde so belassen, eine Tafel aufgehängt, »Wodka« und »Absinth« draufgeschrieben, und dann kam die Szene. Ich weiß noch, dass mich das am Anfang sehr aggressiv gemacht hat. Ich dachte, dass ich dort nie wieder hingehen werde. Aber nun gehe ich eben doch wieder hin.

So wie Sie ja immer noch in Prenzlauer Berg leben.

Aber ich versuche, von dort, wo ich schon seit acht Jahren wohne, wegzuziehen. Weg vom Helmholtzplatz. Aber leider gibt es diesen starken Hang, die Sachen so zu belassen, wie sie sind. Daneben allerdings auch den Wunsch nach etwas völlig anderem. Eigentlich müsste man ganz weg aus dieser Stadt. Meine Schwester ist nach Kreuzberg in die Wrangelstraße gezogen. In ein Vorderhaus. Als ich sie das erste Mal dort besucht habe, konnte ich kaum mit ihr sprechen, ich wollte einfach nur aus dem Fenster schauen. In Prenzlauer Berg ist eine absolute Monokultur entstanden, es ist gähnend langweilig geworden. Das Straßenleben vor dem Fenster meiner Schwester schien mir im Gegensatz dazu geradezu atemberaubend zu sein. Ich glaube, ich habe da, wo ich wohne, seit Jahren keinen alten Menschen mehr gesehen, der dort auf der Straße geht, geschweige denn Ausländer, wie es sie in der Wrangelstraße gibt.

Dort wäre es sicher inspirierend, um eine Geschichte zu schreiben. Wo pflegen Sie zu schreiben?

Ich suche gerne fremde Orte auf. Ich bin sehr froh, wenn ich in anderen Wohnungen schreiben kann. Bei Veronika und Christoph Peters zum Beispiel, am Strausberger Platz mit dem schönen Blick auf den Springbrunnen.

Wie haben Sie als junge Westberlinerin den Mauerfall erlebt?

Als die Mauer fiel, war ich sogar etwas genervt. Eine pubertäre Westberlin-Macke vielleicht? Wir wollten unsere Insel nicht verlieren. Lange habe ich mich nicht getraut, weiter rüberzugehen als in die Oranienburger Straße. Dort war das »Tacheles«. Ich war nicht dabei, als viele Westberliner sich den Osten regelrecht erobert haben, die Häuser besetzten, und als ich 1992 umzog, war diese Zeit schon wieder vorüber. Der Prenzlauer Berg war allerdings noch ganz leer. Als mir meine beste Freundin die Lychener Straße zeigte, wo sie mit mir hinziehen wollte, da dachte ich, wohin schleppt sie mich da? Absolut finster. Damals gab es in der Gegend einen einzigen Imbiss, und heute ist sie im ganzen Bezirk vermutlich die Straße mit den meisten Kneipen.

Mit dem Mauerfall wurde auch das Umland Berlins zugänglich. In der Titelgeschichte aus Sommerhaus, später *möchte der Protagonist Stein ein altes Gutshaus renovieren. Gibt es dieses Haus wirklich? Ist es abgebrannt wie im Buch?*

Es gab damals den starken Wunsch, so ein Sommerhaus zu besitzen, eins für ganz viele Leute. Ich kann mich gut an die Situation erinnern, als ich mein erstes Interview geben sollte: Ich war gerade auf dem Land, bei Freunden in der Uckermark. Zum Interview musste ich rasch in die Stadt, zwei

Die Oberbaumbrücke, ein Symbol für die zusammenwachsende Stadt. David Wagner hat sie schon in Mexiko gesehen.

Rechts: Blick auf die Frankfurter Allee. »In den drei Wochen, in denen Stein bei mir lebte, fuhren wir mit seinem Taxi durch die Stadt. Das erste Mal über die Frankfurter Allee, bis zu ihrem Ende und wieder zurück, wir hörten Massive Attack und rauchten und fuhren die Frankfurter Allee wohl eine Stunde lang rauf und runter, bis Stein sagte: ›Verstehst du's‹?« *(Sommerhaus, später)*

Freunde fuhren mich. Ich weiß noch, wie der eine zum anderen sagte: »Du musst schneller fahren, damit Judith pünktlich ist, dieses Interview geben kann, berühmt wird und wir uns dann ein Sommerhaus kaufen können.« Damals haben wir uns darüber sehr amüsiert, weil uns das so unwirklich schien. Später ist es ja auf eine seltsame Art wirklich geworden, und wir haben noch einmal ernsthaft darüber nachgedacht, ein Haus zu kaufen. Aber es war irgendwie nicht möglich. Es war nicht möglich, von dem Geld, das ich mit *Sommerhaus, später* verdient habe, wirklich ein Sommerhaus zu kaufen. Es wäre das Ende einer Zeit gewesen, in der man sich das Leben offen hält.

Man fährt ins Umland und sagt: Da möchte ich einmal leben, hierhin möchte ich zurückkehren. Aber diese Wünsche werden natürlich nie in die Tat umgesetzt.

Nie. Es ist ein Spiel. Aber wir fahren weiterhin raus, schauen, wo es schön wäre, rufen manchmal sogar den Makler an und legen wieder auf, bevor er abnimmt. Wenn es so weit käme mit dem Sommerhaus, glaube ich, ich würde sofort tot umfallen. Also: So ein Gutshaus wie in der Geschichte gibt es natürlich. Aber es ist nicht abgebrannt.

Ich habe den Verdacht, dass Sie in Ihren Geschichten nicht wirklich lügen können. Hat das möglicherweise mit dem Journalismus zu tun, aus dem Sie kommen? Manchmal haben Ihre Geschichten ja etwas Dokumentarisches.

Ja, Sie haben vermutlich Recht. Allerdings wurden mir die Reportagen auch ausgetrieben. Ich wollte natürlich Reporterin werden, als ich in die Journalistenschule ging. Dann hatten wir Unterricht bei Alexander Osang … Er hat mich in Grund und Boden kritisiert. Ausgerechnet Osang, der für mich ein großes Vorbild gewesen ist. Danach war ich regelrecht traumatisiert.

Ja, so habe ich es, glaube ich, im Tagesspiegel *gelesen. Dabei war die Geschichte, um die es ging, mit dieser gottverlassenen Flugschule, doch ein totaler ›Osang-Stoff‹.*

Würde man meinen. Ein ehemaliger Armeeoffizier, der mit seiner Propellermaschine mutterseelenallein über einer verlassene Russenkaserne seine Kreise zieht. Auf der Landebahn weideten Schafe und man musste einen ganzen Wald durchqueren, um überhaupt dorthin zu gelangen. Und in diesem allgemeinen Verfall hing ein nagelneues, optimistisches Schild: »Flugschule Werneuchen«. Aber Osang hat sich noch nicht einmal zum Stoff positiv geäußert. Nachdem er in etwa gesagt hatte, ich könne die Feder einstecken, habe ich dann auch mit dem journalistischen Schreiben aufgehört und mich auf Radioreportagen konzentriert, was mir großen Spaß gemacht hat. Man selbst schreibt dabei nur kleine Verbindungstexte, entwickelt eine Dramaturgie, aber sprachlich prägt man die Sache nicht. Im Gegensatz zum Geschichtenschreiben nimmt man sich zurück und lässt andere erzählen. Dafür lernt man jede Menge fremder Menschen und Milieus kennen und kann sich mit einer ungeheuren Selbstverständlichkeit an Tische setzen und Leute die seltsamsten Sachen fragen.

Ist Ihnen das leicht gefallen?

Schwierig war es bei einer Reportage über Schriftstellerorte wie dieses Schloss südlich von Berlin, Schloss Wiepersdorf. Da war ich befangen, obwohl ich damals selber noch gar nicht geschrieben habe. Meine beste Reportage war eine über Hausmeister in Berlin. Einer meiner Interviewpartner war die Hausmeisterin des höchsten Hochhauses in der Gropiusstadt, in Rudow. Ich wusste damals nicht, dass das auch ein berüchtigtes Selbstmörderhochhaus ist. Und diese Hausmeisterin hat sehr genau erzählt, sehr genau beobachtet, sie benannte verrückte Details. So muss wohl die letzte Frau, die dort heruntergesprungen ist, zuvor noch zu »Karstadt« gegangen sein und sich ein Treppchen gekauft haben, damit sie auf die recht hohe Brüstung steigen konnte. Zurück blieb das Treppchen, das die Hausmeisterin gefunden hat. Und ein Preisschildchen. 19,95 DM hat es gekostet. Eine solche Entdeckung ist doch ungeheuerlich.

Rechts: Wieso ist *Die Pfauenprinzessin* eigentlich nicht in ihrem Kasten? Im Literaturcafé »EggersLandwehr« in der Rosa-Luxemburg-Straße

Rechte Seite: Hausfassade in der Kollwitzstraße. Lassen Sie sich von der Aufschrift nicht irritieren – das Buch geht noch weiter.

Folgende Doppelseite:

Links: Altkünkendorf bei Angermünde: In einem solchen Ort hat das Sommerhaus gestanden, von dem Judith Hermann erzählt.

Rechts: Wer weiß, vielleicht stand es genau auf dieser Wiese?

Der Wagner-Hermann-Tag

Setzen Sie sich gegen Mittag in ein Café, zum Beispiel in das »Schwarzenraben« in der Neuen Schönhauser Straße 13. Am Nebentisch sitzen ein junger Mann und eine junge Frau. Er trägt vermutlich Schlaghosen und sie einen Pullover, der sowohl secondhand als auch in einer Boutique um die Ecke gekauft sein könnte. Sie erklärt ihm, was unbedingt in ein Pesto gehört und was nicht, Erdnüsse zum Beispiel sind unmöglich. Sie werden neugierig, fragen sich, ob die beiden ein Paar sind, das ist Ihnen nicht ganz klar. Ihrem Eindruck nach könnte die Frau schwanger sein. Aber ob er der Vater ist? Er wirkt etwas unfertig in seinen Bewegungen, seinen Äußerungen. Die beiden wohnen anscheinend in derselben WG. Sie sprechen über einen Schauspieler, der auf Besuch ist. Er scheint etwas gegen ihn zu haben. Holen Sie ihr Notizbuch hervor, fangen Sie an, Ihre Beobachtungen aufzuschreiben. Spinnen Sie die Geschichte zu Hause fort. Wenn sie fertig ist, schicken Sie sie an den Rundfunk Berlin-Brandenburg (RBB), Masurenallee 8–14, 14057 Berlin, Stichwort: Walter-Serner-Preis. Der Einsendeschluss ist immer der 15. September. Auch das Thema bleibt stets gleich: »Vom Leben in den großen Städten.«

In den Bibliotheken

Bei den Recherchen zu diesem Buch sind wir auf einen gewissen Ewald Traugott Dombski aufmerksam geworden. Wie Theodor Fontane soll er dem literarischen Sonntagsverein »Tunnel über der Spree« angehört haben. Legendär wurde Dombski (1837–1912) außerdem als Besitzer des »Tusculum«, eines eleganten Hotels am Tiergarten. Es steht nicht mehr. Auch Dombskis literarisches Werk gilt als verschollen. Man sagt aber, es gäbe eine Berliner Bibliothek, in der noch ein Buch seinen Namen trage.

Nur in einer Bibliothek kann es prinzipiell nicht sein. Diese Bibliothek liegt unter dem Bebelplatz in Mitte. Ihre Regale sind leer, wie man durch eine begehbare Glasplatte unschwer erkennen kann. Es handelt sich um das Denkmal zur Erinnerung an die Bücherverbrennung, der israelische Künstler Micha Ullman hat es geschaffen. Am Abend des 10. Mai 1933 wurden auf diesem Platz, der an die Staatsoper grenzt und damals Kaiser-Franz-Joseph-Platz hieß, rund 25 000 Bücher verbrannt. Studenten hatten sie aus den öffentlichen Bibliotheken und Leihbüchereien gerafft. Allein 10 000 Stück stammten aus dem geplünderten Institut für Sexualwissenschaft im Tiergarten. Dabei wurde auch eine Büste des Institutsleiters Magnus Hirschfeld (1868–1935) zerstört, deren abgeschlagener Kopf von einem SA-Mann gut sichtbar auf den Platz getragen wurde.

»Die Flammen spiegelten sich in den Fenstern der Staatsoper und des Aulagebäudes, so dass die zahlreich anwesenden Photographen und Filmoperateure reichlich auf ihre Kosten kamen«, meldete die *Deutsche Allgemeine Zeitung* tags darauf ihren Lesern. Auch der Propagandaminister Joseph Goebbels hatte über den Lautsprecher gesprochen, er sei aber nur bruchstückhaft zu verstehen gewesen, wie die *Neue Zürcher Zeitung* spöttisch bemerkte. »Aus einem dieser Fragmente konnte man auf jeden Fall vernehmen, dass mit den ›jüdischen Volksverführern‹ abgerechnet werde«, schrieb sie. Der Vernichtungsfeldzug galt in der Tat vor allem den Werken jüdischer Autoren. Darüber hinaus wurde alles verbrannt, was als »zersetzend« eingestuft wurde. Die Namen von 131 Autoren sowie die Titel von vier Anthologien fasste die »erste amtliche Schwarze Liste für Preußen« bezüglich der schönen Literatur. Unter dem Buchstaben D finden wir neben zwei Anthologien einen gewissen Doeblin, Alfred und Dos Passos, John.

Bert Brecht zufolge entdeckte »ein verjagter Dichter, einer der besten, die Liste der/ verbrannten studierend, entsetzt, dass seine/ Bücher vergessen waren. Er eilte zum Schreibtisch/ Zornbeflügelt, und schrieb einen Brief an die Machthaber./ Verbrennt mich! Schrieb er mit fliegender Feder,

Die Brüder Wilhelm und Jacob Grimm schrieben und sammelten nicht nur viele Kinder- und Hausmärchen, sie vertieften sich auch in die Sprache der Deutschen. 1840 folgten sie einem Ruf nach Berlin. Erst wohnten sie am Rand des Tiergartens, dann in der Linkstraße in der Nähe des Potsdamer Platzes. Während sie an ihrem *Deutschen Wörterbuch* arbeiteten, wuchs die Bibliothek in ihrem Studierzimmer stetig. Als Wilhelm im Dezember 1859 starb, ließ sein Bruder dessen Schreibtisch samt Stuhl stehen, darum herum baute er weiter an der Bibliothek, die bei seinem Tod im September 1863 über 8000 Titel umfasste. Im März 1865 ging sie in den Besitz der Humboldt-Universität über und kam irgendwann einmal in die Dorotheen-straße 27, wo sie heute noch steht.

verbrennt mich!/ Tut mir das nicht an! Lasst mich nicht übrig! Habe ich nicht/ immer die Wahrheit berichtet in meinen Büchern?«. Es handelt sich um Oskar Maria Graf (1894–1967); seinen Protestbrief gibt es wirklich. Dass keine dieser schwarzen Listen Dombskis Werke enthält, muss also noch nicht unbedingt gegen deren Qualität sprechen.

Schräg gegenüber vom Bebelplatz, Unter den Linden 8, liegt das Haus 1 der Staatsbibliothek Preußischer Kulturbesitz, kurz: der Stabi. Das 1914 fertig gestellte Gebäude beherbergte 41 Jahre lang die alte Preußische Staatsbibliothek (Name seit 1918). Nach dem Zweiten Weltkrieg lag das zerbombte Gebäude zufälligerweise im sowjetischen Sektor der Stadt. Am 1. Oktober 1946 wurde die Bibliothek feierlich wiedereröffnet, die Schuttmassen waren aus den Gängen entfernt und neue Fenster eingesetzt worden. In den folgenden Jahren baute man eine Kohlezentralheizung ein, richtete die Magazine und Lesesäle wieder her und benannte das ganze in Deutsche Staatsbibliothek um. Der prächtige, aber schwer beschädigte Kuppellesesaal sollte allerdings nicht gerettet werden. An seiner Stelle stehen heute noch vier Büchertürme, die demnächst einer Rekonstruktion des Lesesaals werden weichen müssen. Damals, unmittelbar nach dem Krieg, fehlten enorm viele Bücher.

In den letzten drei Kriegsjahren waren über drei Millionen Bände ausgelagert und an vermeintlich sichere Orte im ganzen Reich verbracht worden. 700 000 Bände kehrten nie wieder zurück. Vieles spricht dafür, dass auch unser gesuchtes Buch zu diesen Kriegsverlusten zählt. Man darf sogar annehmen, dass es zu den so genannten Trophäenbüchern gehört, die von den Gewinnern des Krieges behalten wurden. Möglicherweise steht der Schatz immer noch in einer ehemals sozialistischen Bibliothek. Unter den 92 000 Bänden, die 1965 im Zuge der Aktion »RüBePol« (Rückführung der Bestände aus Polen) wieder in den Besitz der Staatsbibliothek kamen, befand er sich jedenfalls nicht. Und auch das eine Buch, das 1986 im Rahmen eines Tauschabkommens aus der Volksrepublik Albanien an die Staatsbibliothek Unter den Linden geliefert wurde, war es nicht.

Da unser Schriftsteller hauptberuflich Hotelier war, lohnt sich ein kleiner Fußmarsch bis zum Anfang des Boulevards. Dort am Pariser Platz 1 steht das »Adlon«. Dieses Luxushotel wurde 1906 eröffnet, in den letzten Tagen des Zweiten Weltkriegs zerstört und 1997 in historischer Gestalt

wiedererrichtet. Seine Hausbibliothek liegt im ersten Stock und soll in erster Linie dekorativ wirken. Wenn das anliegende Gourmet-Restaurant »Lorenz Adlon« hohe Gäste bewirtet, wird die Trennwand geöffnet, so dass die Tischgemeinschaft im Glanz der Bibliothek tafelt. Die Bücher können von den Gästen aber auch jederzeit gelesen werden. Sogar ein Unikat der Brockhaus-Enzyklopädie, welches der Künstler André Heller in einer mehrjährigen Schaffensphase gestaltet hat, liegt in einer Vitrine der Bibliothek und darf durchgeblättert werden. In den Regalen steht ferner die Erstausgabe von Hedda Adlons Erinnerungen, die es mit modernem Einband auch im Souvenirladen im Erdgeschoss zu kaufen gibt; der neugierige Besucher entdeckt außerdem eine Studie über die *Mythologie der Sachsen* und Gustav Freytags *Soll und Haben.* Nach Dombskis Namen suchten wir dagegen vergebens.

Mit dem Bus TXL gelangt man vom »Adlon« rasch zur Breiten Straße. Dort befindet sich das Zentrum für Berlinstudien (ZBS), das zur Zentral- und Landesbibliothek (ZLB) gehört. Im Eingangsbereich der Bibliothek steht ein mächtiger Metallkasten. Er enthält die Zettel, auf dem die Anschaffungen von den Anfängen in den fünfziger Jahren bis 1993 verzeichnet sind. Obwohl das ZBS auf Bücher spezialisiert ist, in denen Berlin eine Rolle spielt, suchten wir unseren Autor abermals vergebens. Mit etwa 3000 Bänden unterhält es die größte öffentliche Sammlung von Berlinbelletristik. Ein Gutteil sind Pflichtexemplare der Berliner Verlage, anderes wurde aus der Amerika-Gedenkbibliothek am Blücherplatz 1 verlagert. Aber was zählt alles zur Berlinbelletristik? Wo ist der berühmte Berlinroman?

»Wir sammeln Romane, in denen der Name Berlin vorkommt«, erklärt die Dame an der Auskunft des ZBS. Für Alfred Döblins *Berlin Alexanderplatz* mag das ja gelten, aber wie steht es mit Robert Walsers Roman *Jakob von Gunten* (1909), der in Berlin geschrieben wurde und in dieser Stadt spielt, aber nur gerade die »F…strasse« halbwegs konkret nennt? Oder mit Joachim Ringelnatz, dessen Roman … *liner Roma* … heißt, Fragment blieb und 1929 auszugsweise in der berühmten Anthologie *Hier schreibt Berlin* erschienen ist?

Auf solche Lücken angesprochen, reagiert die Dame gereizt: »Wir können doch nicht alles erfassen!« Rasch will man beschwichtigen, bleibt doch jede Sammlung unvollkommen, und gilt es doch

Neun Monate studierte Jean-Paul Sartre 1933 und 1934 am Institut Français in Berlin, das damals in Wilmersdorf – in einer Villa an der Landhausstraße gegenüber der schwedischen Viktoriagemeinde – untergebracht war. Zu seinen Kollegen zählten ein kleiner kraushaariger Korse und ein hochgeschossener blonder Jude. Selbsternannte Rassenforscher hielten den Korsen für einen Israeliten und den Juden für einen Arier. Sartre amüsierte sich über diese Verwechslung, ohne die Gefahr zu unterschlagen, die damals schon in Deutschland herrschte. Aber sonst bekam er nicht viel von der neuen nationalsozialistischen Herrschaft mit. Er arbeitete viel in der Bibliothek und schrieb einen Essay über die *Transzendenz des Ego*. Dazwischen blieb im Zeit für eine kleine Affäre mit einer Dame namens Marie Girard, ohne damit seine Dauerfreundin Simone de Beauvoir eifersüchtig zu machen, wie diese in ihrer Autobiografie bezeugt.

als plump, Berlin einfach nur so zu nennen, in seinem Berlinroman. Wie es diskreter geht, zeigt der Roman *Erste Liebe Deutscher Herbst* des Döblin-Preisträgers Michael Wildenhain. Erst lugt die Stadt scheu durch das berlinerische »Ick« einer Nebenfigur hervor, dann taucht viel später eine »Rote Insel« auf – so nennt der Volksmund ein Gebiet in Schöneberg –, aber erst gegen Ende wird sie beiläufig geoutet: »Barbara war nach Berlin verlegt worden.« Die Autoren scheuen sich heutzutage, einen allzu simplen Berlinbezug in ihren Büchern herzustellen, und noch keiner hat seinen neuen Roman, der in Berlin spielt, beim ZBS selbst gemeldet. Dass auch Ewald Traugott Dombski in den Regalen fehlt, könnte ein Indiz dafür sein, dass diese Scheu viel älter ist.

Mehr Glück könnten wir bei unserer Suche im zweiten Haus der Staatsbibliothek an der Potsdamer Straße 33 haben. Wer die Stabi betritt, die Bücherschranke passiert, die breite, an ihren Geländern matt beleuchtete Treppe emporsteigt und auf dem ersten Deck ankommt, der fühlt sich gleich ein wenig abgehoben, wie in einem Raumschiff. Überall sitzen Menschen, vor den Computern, zwischen den Regalen, auf den Fensterbänken. Riesengroße tellerartige Lampen schweben über ihnen. Und doch ist es ganz still. Das Geräusch der Schritte wird von einem lilablassblauen Teppich verschluckt. Und wer sich nur tief genug in ein Buch versenkt, wird manchmal von einem Engel begleitet. Genau so, wie es Wim Wenders in seinem Film *Der Himmel über Berlin* (1987) gezeigt hat.

Viele Menschen lesen aber nicht nur hier, sondern ›leben‹ mehr oder weniger in diesem Gebäude, das 1976 fertig gestellt wurde. Entworfen hat es der Architekt Hans Scharoun (1893–1972). Er hat auch die Philharmonie konzipiert, die man von der großen Fensterfront aus sehen kann. Von der Cafeteria, in der viele Liebschaften angebahnt werden, blickt man dagegen direkt auf die Fassade der Spielbank Berlin. Wer früher wissen wollte, welche der (West)Berliner Bibliotheken ein bestimmtes Werk führt, der konnte dies im Erdgeschoss an großen Automaten erfahren. Drückte man auf den entsprechenden Knopf, dann ratterte es, und aus dem Bauch des Kastens erschienen alle Karteikarten, sagen wir, mit dem Anfangsbuchstaben D. Auf der Karte waren die bibliografischen

Ganz links: Wer in der Hausbibliothek des »Adlon« speisen durfte, dem wird nie mehr ein Buch schwer im Magen liegen.

Links: Wilhelm von Humboldt. Zusammen mit seinem Bruder Alexander gab er einer der drei Berliner Universitäten den Namen.

Rechts: »Jas macht es den anderen nach, betritt die Bibliothek. Es sind stets ein und dieselben Menschen, welche vor der Zeit die Steintreppen des marmorkalten Flures steigen und vor verschlossenen Türen pünktlich warten. Es sind die Wartenden im Geiste, die Suppengänger Gottes und der Charité, die beruflichen Zeitungsleser, ausgesteuerten Stempelbrüder, ungedruckten Dichter« (August Scholtis, *Jas der Flieger*, 1935) – Staatsbibliothek Unter den Linden.

Ganz rechts: Wenn man in diesem Metallkasten im Zentrum für Berlinstudien nach einem Berlinroman sucht, quietscht es.

Angaben und die Siglen der entsprechenden Bibliotheken verzeichnet. Längst wird auch in der Stabi die Literatur am Computerbildschirm gesucht. Dort stoßen wir im Onlinekatalog der Bibliothek tatsächlich auf einen Eintrag zu Dombski, Ewald Traugott. Zwar kein Werk von ihm selbst, sondern etwas aus seinem Nachlass, wie es scheint. Das Buch ist ausgeliehen.

Versuchen wir also unser Glück in Dahlem, an der Freien Universität (FU). Seit dem Sommer 1954 befindet sich die zentrale Universitätsbibliothek im Henry-Ford-Bau, der mit amerikanischer Hilfe an der Garystraße 45 errichtet wurde. Sie ist eine gute Adresse auch für etwas ältere Literatur, und anders als etwa in der Stabi darf man auch die meisten Werke, die vor 1945 geschrieben wurden, zum genaueren Studium mit nach Hause nehmen. In ihren Anfangsjahren hat die Universitätsbibliothek viele bedeutende Sammlungen erworben, darunter die Bibliothek des bekannten Historikers und Gründungsrektors der FU, Friedrich Meinecke (1862–1954), eines Zeitgenossen Dombskis. Zu nennen ist auch die Bibliothek Stein, eine große Sammlung zur Geschichte des Sozialismus und der Arbeiterbewegung, die um 1968, zur Zeit der großen Studentenrevolte, besonders viel benutzt wurde.

Vom legendären Studentenführer Rudi Dutschke (1940–1979) ist bekannt, dass er für einen Aufenthalt in den USA Teile der Sammlung Stein sogar per Schiff vorausgeschickt hat – »unter Umgehung der Ausleihvorschriften«, wie Wilhelm Krimpenfort schreibt. Die Werke, die damals aus den Forschungen in dieser Bibliothek hervorgingen, waren oftmals wunderliches Kleinschrifttum, im Privatdruck erschienen und der Kategorie »Bücher, die man sonst nicht findet« (Pforzheim 1971) zugehörig. Einiges steht aber auch in der Raritätensammlung der Universitätsbibliothek, die bis 1994 Pflichtexemplarbibliothek für Westberlin war. Ungefähr 2000 Bände dieser Sammlung aus alten Werken stammen aus der Zeit vor 1900. Auch hier ist Dombski nicht dabei.

Viele Sammlungen der FU befinden sich allerdings gar nicht in ihrer zentralen Bibliothek, sondern in den Fachbibliotheken der Institute. Einen halben Kilometer östlich vom Henry-Ford-Bau liegt das größte, neuerdings golden schimmernde Gebäude der FU, die so genannte Goldlaube.

Rechte Seite: Denkmal zur Bücherverbrennung von Micha Ullmann, Bebelplatz. »Gegen Dekadenz und moralischen Verfall! Für Zucht und Sitte in Familie und Staat. Ich übergebe der Flamme die Schriften von Heinrich Mann, Ernst Glaeser, Erich Kästner.« Mit diesen Worten wurde hier am 11. Mai 1933 je ein Buch der drei genannten Schriftsteller vernichtet. Rund 80 000 Menschen sahen zu. Unter die Menge mischte sich auch Erich Kästner. Im Laufe des Abends soll er sich mehrmals mit dem Zeigefinger an die Stirn getippt haben.

Dreißig Jahre lang wurde der Bau an der Habelschwerdter Allee 45 seiner Fassade wegen Rostlaube genannt. 1972 im Zeichen der Studentenbewegung errichtet, sollte der verwinkelte und dezentrale Bau dafür stehen, dass an der FU ohne Hierarchien und interdisziplinär gelehrt und gelernt werden konnte. Viele Studenten verirrten sich allerdings in den Gängen, manche hoffnungslos. Gang »J« führt zur Bibliothek der Germanisten. Sie steht in einem so ausgezeichneten Ruf, dass Sir Norman Foster 1997 ihren Neubau entworfen hat. Seit Herbst 2001 wird gebaut, im Sommer 2004 soll sie fertig gestellt sein. Die Bücher werden dann unter einer gläsernen Kuppel stehen, wie sie der englische Architekt ja auch schon für den Reichstag konzipiert hat.

Annähernd 200 000 Bände besitzt diese Bibliothek, zahlreiche Schenkungen führten zu einem Reichtum an deutschsprachiger Belletristik, der seinesgleichen sucht, und direkt vor Ort, an den Regalen, betrachtet werden will. Und tatsächlich. Unter der Signatur PD 1338/47 finden wir das Buch *Ironie und Wehmut. Das verschollene Werk des Ewald Traugott Dombski. Anlässlich seines 75. Todestages in Auswahl herausgegeben von der Literarischen Initiative Ewald Dombski (L.I.E.D.). Berlin 1987.* Es steht neben den Aufzeichnungen des Berliner Hochstaplers Harry Domela. Und dort gehört es auch hin. Man sagt, dass Ewald Traugott Dombski mitsamt seinem verschollenen Werk in Wahrheit ein Fantasiegebilde sei, ersonnen von ein paar vergnügten Berliner Germanisten zur 750-Jahr-Feier ihrer Stadt.

Der Bibliotheken-Tag

Kaufen Sie sich am Empfang der Staatsbibliothek an der Potsdamer Straße 33 eine Tageskarte. Je nachdem, ob Sie dort Kontakt suchen oder ein Buch lesen wollen, gehen Sie anschließend in die Cafeteria oder in den Lesesaal. Vorsicht: Seien Sie pünktlich. Die Leseplätze sind in der Regel bis zum Mittag komplett belegt. Bestellen Sie einen typischen Berlinroman. Unter der Reihe »Berliner Romane« findet man in einem alten Schlagwortkatalog tatsächlich zwei Einträge. Es handelt sich um zwei Romane von Artur Landsberger, einem vor dem Ersten Weltkrieg populären Vertreter des »Berliner Sittenromans«. Ein irreführender Name, denn tatsächlich handelt es sich um Romane, die vor allem von Dingen handeln, die gegen die guten Sitten verstoßen, zum Beispiel von der Prostitution. Lesen Sie ihn, und überprüfen Sie dann, ob Ihnen in der Cafeteria irgendwelche Verstöße gegen die guten Sitten auffallen. Sie werden keinen bemerken. (Dazu müssten Sie die Potsdamer Straße schon ein gutes Stück weiter runter gehen, bis zur Ecke Kurfürstenstraße). Schlendern Sie beruhigt in den Lesesaal zurück, und suchen Sie den so genannten geographischen Katalog. Dort werden Sie zwar weder Stadtpläne noch Atlanten finden, aber allerhand weitere interessante Hinweise auf Literatur mit Berlinbezug.

Bibliografie

Allgemein
Bienert, Michael: Literarisches Berlin. Der Dichter-und-Denker-Stadtplan. Dichter, Schriftsteller und Publizisten. Wohnorte, Wirken und Werke. Berlin 2001.
Oberhauser, Fred: Literarischer Führer Berlin. Frankfurt a. M. und Leipzig 1998.
Rühle, Günther (Hg.): Literaturort Berlin. Berlin 1994.
Vietta, Silvio (Hg.): Das literarische Berlin im 20. Jahrhundert. Stuttgart 2001.
Voß, Karl: Reiseführer für Literaturfreunde Berlin. Frankfurt a. M., Berlin, Wien 1980.

Vorwort
Heine, Heinrich: Historisch-kritische Gesamtausgabe der Werke. Hg. von Manfred Windfuhr. Band 6. Briefe aus Berlin. Über Polen. Reisebilder I/II (Prosa), bearbeitet von Jost Hermand. Hamburg 1973.

Der märkische Großstädter: Theodor Fontane
De Bruyn, Günter: Unter den Linden. Berlin 2002.
Erler, Gotthard (Hg.): Theodor Fontane. »Wie man in Berlin so lebt«. Beobachtungen und Betrachtungen aus der Hauptstadt. Berlin 2000.
Fontane, Theodor: Der Stechlin. In: Romane und Erzählungen in 8 Bänden. Band 8. Hg. von Gotthard Erler. Berlin und Weimar 1969.
Fontane, Theodor: Frau Jenny Treibel. In: Sämtliche Werke. Band 4. Hg. von Walter Keitel. München 1963.
Fontane, Theodor: L'Adultera. In: Sämtliche Werke. Band 2. Hg. von Walter Keitel. München 1963.
Fontane, Theodor: Werke, Schriften und Briefe. Abteilung IV. Briefe. Band 3. Hg. von Otto Drude u. a. München 1980.
Grass, Günter: Ein weites Feld. Werkausgabe. Band 13. Hg. von Daniela Hermes. Göttingen 1997.
Kierkegaard, Søren: Die Wiederholung. Übersetzt, mit Einleitung und Kommentar hg. von Hans Rochol. Hamburg 2000.

Eine Liebe in den Zeiten des Expressionismus: Else Lasker-Schüler und Gottfried Benn
Benn, Gottfried: Drohungen. In: Die Aktion. Nr. 26, III. Jg. 1913, S. 640.
Benn, Gottfried: Gesammelte Werke in 8 Bänden. Hg. von Dieter Wellershoff. Band 1. Gedichte. Wiesbaden 1960.
Benn, Gottfried: Gesammelte Werke in 8 Bänden. Hg. von Dieter Wellershoff. Band 4. Reden und Vorträge. Wiesbaden 1968.
Durieux, Tilla: Meine ersten neunzig Jahre. Erinnerungen. Frankfurt a. M. und Berlin 1991.
Fohsel, Herman-J.: Im Wartesaal der Poesie. Zeit- und Sittenbilder aus dem Café des Westens und dem Romanischen Café. Berlin 1996.
Fritsch, Ute: Künstlerkarte Hiddensee. Berlin 2003.
Grass, Günter: Mein Jahrhundert. Göttingen 1999.
Lasker-Schüler Else: Mein Herz. Ein Liebesroman mit Bildern und wirklich lebenden Menschen. Gesammelte Werke in 8 Bänden. Band 2. München 1986.
Lasker-Schüler, Else: Doktor Benn. In: Die Aktion. Nr. 26, III. Jg. 1913, S. 639.
Lasker-Schüler, Else: Gesammelte Werke in 8 Bänden. Band 1. Gedichte 1902–1943. München 1986.
Marcus, Paul E.: Heimweh nach dem Kurfürstendamm. Berlin 1962.
Mertens, Pierre: Der Geblendete. Ein Gottfried-Benn-Roman. Aus dem Französischen von Uli Aumüller. Berlin 1989.
Pinthus, Kurt (Hg.): Menschheitsdämmerung. Symphonie jüngster Dichtung. Berlin 1919.
Reisen mit Benn. Ein Film von Andreas Christoph Schmidt. 45 min. SFB/WDR. Berlin 1998.
Sanders-Brahms, Helma: Gottfried Benn – Else Lasker-Schüler. Reinbek 1997.

Der Doktor in der Münzstraße: Alfred Döblin
Bucovich, Mario von: Berlin. Mit einem Geleitwort von Alfred Döblin. Berlin 1928.
Döblin, Alfred: Ausgewählte Werke in Einzelbänden. Autobiographische Schriften und letzte Aufzeichnungen. Olten und Freiburg i. B. 1980.
Döblin, Alfred: Ausgewählte Werke in Einzelbänden. Berlin Alexanderplatz. Die Geschichte des Franz Biberkopf. Olten und Freiburg i. B. 1961.
Döblin, Alfred: Ausgewählte Werke in Einzelbänden. Briefe. Hg. von Heinz Graber. Olten und Freiburg i. B. 1970.

Döblin, Alfred: Ausgewählte Werke in Einzelbänden. Wadzeks Kampf mit der Dampfturbine. Olten und Freiburg i. B. 1982.
Funk, Holger und Reinhard G. Wittmann: Literaturhauptstadt. Schriftsteller in Berlin heute. Berlin 1983.

Der hustende Untermieter: Franz Kafka
Kafka, Franz: Gesammelte Werke. Hg. von Max Brod. Briefe 1902–1924. Frankfurt a. M. 1958.
Kafka, Franz: Gesammelte Werke. Hg. von Max Brod. Erzählungen. Berlin 1952.
Koch, Hans-Gerd: »Als Kafka mir entgegenkam …«. Erinnerungen an Franz Kafka. Berlin 1995.
Weltsch, Felix: Religion und Humor im Leben und Werk Franz Kafkas. Berlin 1957.
Zischler, Hanns: Kafka geht ins Kino. Reinbek 1996.

Stadt der Flaneure: Franz Hessel, Ernst Jünger, Walter Benjamin
Benjamin, Walter: Berliner Kindheit um Neunzehnhundert. Frankfurt a. M. 1966.
Benjamin, Walter: Einbahnstrasse. Frankfurt a. M. 1985.
Gröschner, Annett: Hier beginnt die Zukunft, hier steigen wir aus. Unterwegs in der Berliner Verkehrsgesellschaft. Berlin 2002.
Hessel, Franz: »Von der schwierigen Kunst spazieren zu gehen«. In: Sämtliche Werke. Band 5. Hg. von Hartmut Vollmer und Bernd Witte. Oldenburg 1999, S. 68–73.
Hessel, Franz: Heimliches Berlin. In: Sämtliche Werke. Band 1. Hg. von Hartmut Vollmer und Bernd Witte. Oldenburg 1999.
Hessel, Franz: Spazieren in Berlin. Berlin 1979. [Nachdruck Berlin/DDR]
Jeinsen, Gretha von: Silhouetten. Eigenwillige Betrachtungen. Pfullingen 1955.
Jünger, Ernst: Das Abenteuerliche Herz. Aufzeichnungen bei Tag und Nacht. In: Sämtliche Werke. Zweite Abt. Band 9. Essays III. Stuttgart 1979.
Jünger, Ernst: Das abenteuerliche Herz. Figuren und Capriccios. In: Sämtliche Werke. Zweite Abt. Band 9. Essays III. Stuttgart 1981.
Jünger, Ernst: Der Arbeiter. Herrschaft und Gestalt. In: Sämtliche Werke. Zweite Abt. Band 8. Essays II. Stuttgart 1981.
Mühleisen, Horst: Ernst Jünger in Berlin 1927–1933. Frankfurt a. d. O. 1998.
Salomon, Ernst von: Der Fragebogen. Reinbek 1951.

Mit Argusaugen durch »Charlottengrad«: Vladimir Nabokov
Barck, Simone [u. a.]: »Jedes Buch ein Abenteuer«. Zensur-System und literarische Öffentlichkeiten in der DDR bis Ende der sechziger Jahre. Berlin 1998.
Nabokov, Vladimir: Erinnerung, sprich. Wiedersehen mit einer Autobiographie. Aus dem Englischen von Dieter E. Zimmer. In: Gesammelte Werke. Hg. von Dieter E. Zimmer. Band 22. Reinbek 1991.
Nabokov, Vladimir: Gelächter im Dunkel. Deutsch von Renate Gerhardt und Hans-Heinrich Wellmann, bearbeitet von Dieter E. Zimmer. In: Gesammelte Werke. Hg. von Dieter E. Zimmer. Band 3. Frühe Romane 3. Reinbek 1997.
Nabokov, Vladimir: Gesammelte Werke. Hg. von Dieter E. Zimmer. Band 5. Die Gabe. Deutsch von Annelore Engel-Braunschmidt. Reinbek 1993.
Nabokov, Vladimir: König, Dame, Bube. Aus dem Englischen von Hanswilhelm Haefs. In: Gesammelte Werke. Hg. von Dieter E. Zimmer. Band 1. Frühe Romane 1. Reinbek 1991.
Urban, Thomas: Vladimir Nabokov. Blaue Abende in Berlin. Berlin 1999.
Zimmer, Dieter E.: Nabokovs Berlin. Berlin 2001.

Ein Doppelleben in Schöneberg: Christopher Isherwood
Eldorado. Homosexuelle Frauen und Männer in Berlin 1850–1950. Geschichte, Alltag und Kultur. Berlin 1984.
Isherwood, Christopher: Leb' wohl, Berlin. Ein Roman in Episoden. Aus dem Englischen von Susanne Rademacher. Berlin 1997.
Isherwood, Christopher: Mr Norris steigt um. Roman. Aus dem Englischen von Wolfgang Eisermann. Berlin 1983.
Moreck, Kurt: Führer durch das lasterhafte Berlin. Berlin 1930.
Page, Norman: Auden and Isherwood. The Berlin Years. New York 1998.
Senser, Armin: Großes Erwachen. Gedichte. München 1999.
Siemsen, Hans: Verbotene Liebe und andere Geschichten. Essen 1986.
Wolfe, Thomas: Es führt kein Weg zurück. Roman. Aus dem Englischen von Susanne Rademacher. Hamburg 1950.

Die Medienstadt

Baum, Vicki: Meine Zeit mit den Ullsteins. In: Hundert Jahre Ullstein. Band 1, S. 294–331.

Baum, Vicki: Menschen im Hotel. Köln 2002.

Bienert, Michael: Die eingebildete Metropole. Berlin im Feuilleton der Weimarer Republik. Stuttgart 1992.

Die Weltbühne, XXII Jg., 27.12.1927, Nr. 52.

Hundert Jahre Ullstein. 1877–1977. 4 Bände. Hg. von W. Joachim Freyburg und Hans Wallenberg. Ausgewählte Werke in Einzelbänden. Band 1. Berlin 1977.

Karasek, Hellmuth: Billy Wilder. Eine Nahaufnahme. Aktualisierte und erweiterte Fassung. Hamburg 1992.

Kästner, Erich: Fabian. Die Geschichte eines Moralisten. In: Gesammelte Schriften. Band 2. Romane. Köln 1959.

Madrasch-Groschupp, Ursula: Die Weltbühne. Porträt einer Zeitschrift. Königstein/Ts 1983.

Mendelssohn, Peter de: Zeitungsstadt Berlin. Menschen und Mächte in der Geschichte der deutschen Presse. Überarbeitete und erweiterte Auflage. Frankfurt a. M., Berlin, Wien 1982.

Schivelbusch, Wolfgang: Vor dem Vorhang. Das geistige Berlin 1945–1948. München 1995.

Uhu. Das Monats-Magazin. Zusammengestellt und hg. von Christian Feber. Frankfurt a. M., Berlin, Wien 1979.

Ziolkowski, Theodore: Berlin. Aufstieg einer Kulturmetropole um 1810. Stuttgart 2002.

Das Kollektiv in Mitte: Bertolt Brecht

Bienert, Michael: Mit Brecht durch Berlin. Frankfurt a. M. und Leipzig 1998.

Brecht, Bertolt: Die Maske des Bösen. In: Werke. Große kommentierte Berliner und Frankfurter Ausgabe. Band 12. Berlin und Weimar 1988, S. 124.

Brecht, Bertolt: Die Maßnahme. Kritische Ausgabe mit einer Spielanleitung von Reiner Steinweg. Frankfurt a. M. 1972.

Brecht, Bertolt: Kuhle Wampe. Protokoll des Films und Materialien. Hg. von Wolfgang Gersch und Werner Hecht. Frankfurt a. M. 1969.

Brecht, Bertolt: Lesbuch für Städtebewohner. In: Werke. Große kommentierte Berliner und Frankfurter Ausgabe. Band 11. Berlin und Weimar 1988, S. 157.

Brecht, Bertolt: Mutter Courage und ihre Kinder. In: Werke. Große kommentierte Berliner und Frankfurter Ausgabe. Band 6. Berlin und Weimar 1989.

Chaussestraße 125. Die Wohnungen von Bertolt Brecht und Helene Weigel in Berlin Mitte. Hg. vom Archiv der Akademie der Künste. Berlin 2000.

Frisch, Max: Tagebuch. 1946–1949. Berlin 1950.

Kebir, Sabine: Ein akzeptabler Mann? Brecht und die Frauen. Berlin 1998.

Kinski, Klaus: Ich brauche Liebe. München 1991.

Notate 2, 10. Jg., März 1989.

Reich-Ranicki, Marcel: Ungeheuer oben. Über Bertolt Brecht. Berlin 1996.

Rutschky, Michael [u. a.]: Der verborgene Brecht. Zürich 1997.

Strittmatter, Erwin: »Besuch bei Brecht heute«. In: Wochenpost, 4. Jg., Nr. 15, 13. 4. 1957, S.11.

Tretjakow, Sergej: Lyrik, Dramatik, Prosa. Leipzig 1972.

Wiegler, Paul: »Die Dreigroschenoper«. In: BZ am Mittag vom 1.9.1928.

Atlantis Friedenau: Günter Grass, Max Frisch, Ingeborg Bachmann, Uwe Johnson

Bachmann, Ingeborg: Ein Ort für Zufälle. In: Werke. Band 4. Essays, Reden, Vermischte Schriften, Anhang. Hg. von Christine Koschel u. a. München und Zürich 1978, S. 278–293.

Beckmann, Herbert: Atlantis Westberlin. Berlin 2000.

Enzensberger, Hans Magnus: Mausoleum. Siebenunddreißig Balladen aus der Geschichte des Fortschritts. Frankfurt a. M. 1975.

Frisch, Max: Montauk. Eine Erzählung. In: Gesammelte Werke in zeitlicher Folge. Band VI, 2. Hg. von Hans Mayer. Frankfurt a. M. 1976.

Grass, Günter: Aus dem Tagebuch einer Schnecke. Werkausgabe. Band 7. Hg. von Volker Neuhaus. Göttingen 1993.

Johnson, Uwe: Berliner Sachen. Aufsätze. Frankfurt a. M. 1975.

Rafalovics, Helene: »Man denkt in Friedenau an Schwabing«. In: Berliner Leben, Heft 5, 1968, S. 18.

Im Mauerschatten: Christa Wolf

Brussig, Thomas: Helden wie wir. Roman. Berlin 1995.

Felsmann Barbara/Gröschner, Annett (Hg.): Durchgangszimmer Prenzlauer Berg. Eine Berliner Künstlersozialgeschichte in Selbstauskünften. Berlin 1999.

Magenau, Jörg: Christa Wolf. Eine Biographie. Berlin 2002.

Melchert, Rulo: »Christa Wolf in der Berliner Stadtbibliothek«. In: Sonntag, Nr. 49, 9. 12. 1979.

Wolf, Christa: »Nun ja! Das nächste Leben geht aber heute an.« Ein Brief über die Bettine. In: Lesen und Schreiben. Neue Sammlung. Darmstadt und Neuwied 1980, S. 284–318.

Wolf, Christa: Berlin, »Montag, den 27. September 1993«. In: Auf dem Weg nach Tabou. Texte 1990–1994. Köln 1994, S. 281–298.

Wolf, Christa: Der geteilte Himmel. Erzählung. Halle/Saale 1967.

Wolf, Christa: Leibhaftig. Erzählung. München 2002.

Wolf, Gerhard: Beschreibung eines Zimmers. 15 Kapitel über Johannes Bobrowski. Stuttgart 1972.

Im Tierpark: Cees Nooteboom und Monika Maron

Leitner, Olaf: West-Berlin! Westberlin! Berlin (West)! Die Kultur, die Szene, die Politik. Erinnerungen an eine Teilstadt der 70er und 80er Jahre. Berlin 2002.

Maron, Monika: Animal triste. Roman. Frankfurt a. M. 1996.

Maron, Monika: Endmoränen. Roman. Frankfurt a. M. 2002.

Nooteboom, Cees: Allerseelen. Roman. Aus dem Niederländischen von Helga van Beuningen. Frankfurt a. M. 1999.

Nooteboom, Cees: Berliner Notizen. Aus dem Niederländischen von Rosemarie Still. Frankfurt a. M. 1991.

Nooteboom, Cees: Rückkehr nach Berlin. Aus dem Niederländischen von Helga van Beuningen. Frankfurt a. M. 1998.

Stuckrad-Barre, Benjamin von: Deutsches Theater. Köln 2001.

Der Fernsehturm ist schön: David Wagner und Judith Hermann

Büscher, Wolfgang: Berlin – Moskau. Eine Reise zu Fuß. Hamburg 2003.

Hermann, Judith: Nichts als Gespenster. Erzählungen. Frankfurt a. M. 2003.

Hermann, Judith: Sommerhaus, später. Erzählungen. Frankfurt a. M. 1998.

Large, David Clay: Berlin. Biographie einer Stadt. Aus dem Englischen von Karl Heinz Siber. München 2002.

Strauß, Botho: Paare, Passanten. München und Wien 1981.

Wagner, David: In Berlin. Berlin 2001.

Wagner, David: Meine nachtblaue Hose. Roman. Berlin 2000.

Wagner, David: Was alles fehlt. Zwölf Geschichten. München u. a. 2002.

In den Bibliotheken

Beauvoir, Simone de: In den besten Jahren. Aus dem Französischen von Rolf Soellner. Reinbek 1961.

Berichte zur Geschichte der deutschen Staatsbibliothek in Berlin. [Hg. vom Generaldirektor der Staatsbibliothek zu Berlin – Preußischer Kulturbesitz. Red.: Ralf Breslau] Wiesbaden 1996.

Fünfzig Jahre Universitätsbibliothek der Freien Universität. Hg. von Ulrich Naumann und Doris Foquet-Plümacher. Berlin 2002.

Ironie und Wehmut. Das verschollene Werk des Ewald Traugott Dombski. Anlässlich seines 75. Todestages hg. von der Literarischen Initiative Ewald Dombski (L.I.E.D.). Berlin 1987.

Scholtis, August: Jas der Flieger. Frankfurt a. M. 1987.

Tress, Werner: »Wider den undeutschen Geist!«. Bücherverbrennung 1933. Berlin 2003.

Zum 10. Mai 1933. Die Bücherverbrennung. Hg. von Gerhard Sauder. München 1983.

Namensverzeichnis

Straßenverzeichnis

Bildnachweise

Archiv Klaus Wagenbach, Berlin: S. 65, S. 71 beide Fotos in der linken Spalte
Bildarchiv Preußischer Kulturbesitz: S. 41 links, S. 77 rechts, S. 124 links
Dmitri Nabokov Archiv, Montreux: S. 91
Anne Eickenberg: S. 189 links
Dr. Ruth Gross/Bildarchiv Abraham Pisarek: S. 138 rechts
Renate von Mangoldt: S. 145 ganz rechts
Jonas Maron: S. 175 rechts
Isolde Moser: S. 145 zweites Foto von rechts
National Portrait Gallery, London: S. 105
Helga Paris: S. 159
Andrej Reiser/Suhrkamp Verlag: S. 145 zweites Foto von links
Sammlung Dieter E. Zimmer: S. 92 links
Simone Sassen: S. 175 links
Schiller-Nationalmuseum/Deutsches Literaturarchiv, Marbach: S. 41 rechts, S. 53, S. 77 Mitte
Staatsbibliothek zu Berlin/Preußischer Kulturbesitz/Clemens Zahn: S. 208, 210–213, 215 links
Stiftung Archiv der Akademie der Künste, Bertolt-Brecht-Archiv, Berlin: S. 129
Stiftung Archiv der Akademie der Künste, Sammlung Maria Rama, Berlin: S. 145 ganz links
Stiftung Preußische Schlösser und Gärten Berlin Brandenburg/Clemens Zahn: S. 125, S. 172/173
Theodor-Fontane-Archiv, Potsdam: S. 25
Ullstein Bilderdienst, Berlin: S. 77 links, S. 124 rechts

Alle anderen Fotografien sind von Clemens Zahn

Originalausgabe
Copyright © 2003 von dem Knesebeck GmbH & Co. Verlags KG, München
Ein Unternehmen der La Martinière Groupe

Bibliografische Information Der Deutschen Bibliothek
Die Deutsche Bibliothek verzeichnet diese Publikation in der Deutschen Nationalbibliografie;
detaillierte bibliografische Daten sind im Internet über http://dnb.ddb.de abrufbar

Konzeption: Elisabeth Sandmann
Gestaltung: Pauline Schimmelpenninck Büro für Gestaltung, Berlin
Lektorat: Martin Holz
Satz: satz & repro Grieb, München
Lithografie: Karl Dörfel, München
Druck: Uhl, Radolfzell
Printed in Germany

ISBN 3-89660-182-2

www.knesebeck-verlag.de